QUARANTE JOURS

EN ITALIE

(continuer la couverture)

MARS-AVRIL 1883

QUARANTE JOURS EN ITALIE

QUARANTE JOURS

EN ITALIE

MARS-AVRIL 1883

NEVERS

A. GAUFROIT, IMPRIMEUR

1884

Ceci n'était pas destiné à être imprimé. Après avoir lutté pendant six mois contre les arguments et les sollicitations de quelques amis beaucoup trop indulgents, j'ai fini par céder, et j'ai eu la faiblesse de laisser imprimer cinquante exemplaires de ces souvenirs de voyage.

Je décris et je raconte ce que j'ai vu et comme je l'ai vu. Peut-être ai-je mal vu, ou ai-je mal jugé ce que j'ai vu. En tout cas mes appréciations sont absolument personnelles, et je ne prétends nullement les imposer. Tout ce que je demande aux quelques personnes qui auront le courage d'entreprendre cette lecture, c'est de faire provision d'indulgence : et cependant, je n'oserais leur en demander autant qu'en ont eu ceux qui ont lu le manuscrit de ces *Quarante Jours en Italie*.

Le commandant Bailly à son camarade F. d'A.....

Vincennes, juillet 1883.

Mon excellent ami,

. . . .

. . . .

J'attendais tous les jours une lettre m'annonçant votre retour au foyer; et je pensais que, séduit par les merveilles entassées dans les pays que vous visitiez, le temps ne vous avait pas paru long, et que vous aviez prolongé votre voyage bien au delà de vos prévisions.

Je vous ai suivis par la pensée, votre chère fille et vous, dans cette visite de l'Italie, que nous devions faire avec la « chère envolée »... Hélas! maintenant, je puis dire adieu à ce beau pays; qu'irais-je y faire seul? . . . .

Mieux vaut vous entendre raconter vos éblouissements, vos impressions; et les notes prises par vous deux donneront, je l'espère, un petit volume coquet et charmant, pour vos amis et vos lecteurs. .

. . . .

. . . .

Au commandant Bailly.

Juillet 1883.

Quoi ! c'est vous, mon vieil ami, qui me faites une pareille demande ? Vous qui avez eu pour compagne « la chère envolée » (1) qui a fait de si charmants ouvrages ; vous, qui par conséquent devez vous connaître en livres, vous voudriez que je réunisse les notes et les souvenirs de mon voyage d'Italie pour en faire un volume !

Hélas ! mon pauvre ami, rappelez-vous ce vieil adage : « Ne forcez point votre talent » ; et ne condamnez pas votre vieux compagnon d'armes à jouer le rôle ridicule de l'âne dont parle notre bon La Fontaine.

Non ! je n'écrirai pas un volume ! non ! je ne livrerai pas ma prose aux éditeurs (leurs greniers sont déjà assez encombrés) ; non ! je ne ferai pas la *joie* de mes amis (ils sont déjà assez portés à la raillerie) ; mais je veux bien, pour vous seulement, rassembler mes souvenirs que je vous envoie tels qu'ils sont, écrits au courant de la plume, ni revus, ni corrigés,... sans retouche, comme dirait Nadar.

Que dire de l'Italie qui n'ait déjà été dit cent fois ? et qui n'a pas été en Italie ? Tout épicier qui se respecte, a, au moins une fois dans sa vie, pris

(1) Madame Claire de Chandeneux.

un train de plaisir pour l'Italie. Joanne et Bedecker l'ont décrite dans ses moindres détails. Si l'Italie a été le champ de bataille des nations européennes, n'est-elle pas aussi la terre promise des touristes et des désœuvrés ? Il me semble qu'à sa frontière on pourrait suspendre une de ces enseignes de tôle que nous avons souvent entendu grincer sur la porte de quelque auberge de village avec cette inscription : « Au rendez-vous des Voyageurs. » — Je n'ai donc à vous communiquer que quelques impressions sur les hommes et sur les choses qui m'ont le plus frappé.

QUARANTE JOURS EN ITALIE

I

DE PARIS A MILAN ET A VENISE

Vous vous souvenez, mon vieil ami, que dans les premiers jours de mars dernier, nous nous disions adieu après une bonne soirée passée au Helder. Je partais le soir même pour l'Italie, avec ma chère fille, heureuse d'aller juger par elle-même si tout ce qu'elle avait lu et entendu sur ce pays des merveilles n'était pas un conte des *Mille et une Nuits*. Paris était sous la neige; on commençait à s'inquiéter des agissements de la « Grande Louise » : bon temps pour quitter notre capitale crottée, aussi crottée au propre qu'au figuré, et essayer de trouver ailleurs de la distraction et du soleil.

Endormis à huit heures du soir dans un bon wagon, à la gare de P. L. M., nous nous réveillons le lendemain matin dans les environs de Culoz. Nous approchons du lac du Bourget; nous mettons le nez à la portière; ma fille et moi nous nous communiquons nos impressions. Nous admirons ces

charmants paysages, cette vieille abbaye d'Haute-
combe, ces belles montagnes; nous sommes enchantés ! Mais voilà qu'un citoyen qui ronflait dans
son coin depuis Paris, se réveille et veut absolument nous donner des renseignements que nous ne
lui demandons pas ; je m'aperçois que ce n'était
nullement pour nous être agréable, mais bien pour
avoir occasion de nous apprendre qu'il était le maire
d'Aix en Savoie, « station thermale très fréquentée,
20,000 habitants, etc., etc., » où nous allions arriver
tout à l'heure, et pour nous vanter les bienfaits dont
son administration, de concert avec le gouvernement que nous avons le bonheur de posséder,
allaient combler les populations savoyardes. Il revenait de Paris où il avait séjourné depuis les funé-
railles de Gambetta. Je n'osai pas lui demander si
c'était aux frais de ses administrés. Volontiers il
aurait ceint son écharpe et écrit sur son chapeau :
« C'est moi qui suis Guillot ». Ce sot et important
personnage ne voyait pas qu'il nous gâtait tout ; je
le trouvais bien importun pour un opportuniste.
C'est dans des moments pareils qu'on comprend
Jud, en supposant toutefois que le président Poinsot
ait agi avec lui comme M. le maire d'Aix en usait
avec nous.

Enfin nous arrivons à Aix ; je vois avec plaisir
qu'aucune ovation n'était préparée pour le vaniteux
personnage qui m'avait fortement porté sur les
nerfs, parce qu'il était ennuyeux, parce qu'il était
maire, et surtout peut-être parce qu'il était républicain. Que le choléra les étouffe !

Le chemin de fer file ; la terre est couverte de

neige, mais nous avons un temps clair et un soleil
superbe. Nous traversons la Savoie; Chambéry,
Montmélian passent comme dans une lanterne magique, et nous entrons dans les montagnes. Qu'elles
sont belles, ces montagnes ! comme elles sont grandement coupées ! la neige leur va bien ; elles seraient
moins belles sans neige. Ces grandes cimes, avec
les ravins et les vallées profondes qui les séparent,
ces villages groupés au fond des vallées, ont dans
la neige leur cadre naturel. Voilà la troisième fois
que je vois les Alpes, décidément la neige est leur
vraie parure. Nous passons Saint-Jean-de-Maurienne,
petite ville que je ne désire pas habiter, malgré la
beauté sévère de ses environs, et nous arrivons
enfin à Modane.

A Modane, il faut subir les formalités de la douane;
les douaniers italiens ne sont pas bien terribles; je
puis constater que la France, si déchue qu'elle soit,
tient encore le premier rang parmi les puissances
qui infligent le plus d'ennuis administratifs aux
voyageurs, et même à ceux qui ne voyagent pas.
Enfin nous remontons en wagon; nous partons; nous
entrons sous le Mont-Cenis, et au bout d'une demi-
heure nous sortons de ce gigantesque terrier : nous
sommes en Italie !

Nous voici à Bardonnèche, première station italienne, où il nous est donné de contempler la hauteur du plumet qui surmonte le chapeau des
carabiniers italiens. Ce versant des Alpes nous paraît
moins abrupt et moins sévère que le côté français.
Nous passons au-dessus de Suze, belle position militaire, joli pays; et puis voilà la neige qui se met à

tomber, mais à tomber comme nous ne la voyons jamais tomber dans notre France centrale; elle tombe tant que nous ne voyons plus ni ciel ni terre.

Nous arrivons à Turin. Impossible de continuer sur Milan; nous voilà obligés de coucher à Turin avec 60 centimètres de neige. Il y a heureusement des hôtels en face de la gare; nous entrons dans le premier venu, et je ne vous conseille pas de faire de même en pareille occurrence. Nous sommes reçus dans le vestibule par une armée de Jules Ferry cravatés de blanc. On nous donne des chambres où nous avons bien de la peine à faire flamber un fagot, un dîner détestable, des lits hypothétiques; le lendemain, un déjeuner qui nous paraît un peu léger; et puis la note, qui n'est ni hypothétique ni légère. Je paie quand même; jurant bien de ne plus remettre les pieds dans la luxueuse baraque qu'on nomme « Grand Hôtel de Turin » et qui n'a de premier ordre que les prix, et me souvenant trop tard qu'en Italie, même et surtout dans les hôtels, il faut faire ses prix d'avance, et ne pas craindre d'offrir le quart de ce qu'on vous demande. En marchandant, on ne court qu'un risque, celui d'être trop généreux et d'être pris au mot.

Nous voici en route pour Milan; la plaine est couverte de neige. Pas beau, le pays entre Turin et Milan; une grande plaine monotone, coupée de canaux, plantée de muriers et d'arbres fruitiers. On a beau se battre les flancs et se dire qu'on est en Italie, impossible d'y trouver la moindre poésie ni le moindre pittoresque.

On appelle les stations de Novare; Magenta où

nous voyons le monument élevé à nos soldats morts pour cette bêtise inepte qu'on nomme l'indépendance et l'unité de l'Italie ! Que de braves gens, que de nobles cœurs, que de bons amis nous avons perdus pour cette sottise que nous pouvons bien aujourd'hui qualifier d'anti-patriotique !

Enfin nous voici à Milan. La neige fond rapidement; partout on balaie, on débarrasse les rues; des tombereaux chargent la neige amoncelée et la versent dans le Naviglio; pendant que nous cherchons un gîte, tout cela va avoir disparu.

Encore pas de chance pour notre logement à Milan : le guide Joanne nous dit qu'il y a tout à côté du Dôme un petit hôtel appelé Pension Suisse, où les Français logent de préférence : nous y allons tout droit. Cela ne nous paraît pas très propre, cependant nous ne reculons pas; ce n'est pas très cher, mais les chambres sont sales, la cuisine est médiocre, et de plus, quand nous avons fini de dîner, j'aperçois dans la salle à manger un panneau où sont peintes deux mains unies surmontées de l'ignoble bonnet rouge de Marianne ! Il n'y avait pas à en douter, nous étions tombés dans un antre maçonnique. Enfin, pour vingt-quatre heures, nous pensons que ce n'est pas la peine de déménager, et nous faisons contre fortune bon cœur.

Nous visitons Milan, grande et belle ville, trop moderne, peut-être, malgré les beaux restes que le Moyen-Age et la Renaissance y ont laissés. Le Dôme est admirable et, même après avoir vu toutes les belles cathédrales de l'Italie, je ne sais si ce n'est pas au Dôme de Milan que je donnerais la palme. C'est grand, c'est riche, c'est chrétien ; peut-être y a-t-il trop de détails qui se confondent, mais l'effet général est superbe. Malgré quelques accrocs à la pureté du style, la façade, dont les cinq grandes portes s'ouvrent sur une place immense, est véritablement grandiose. La flèche élancée qui s'élève à perte de vue au milieu de mille clochetons et d'innombrables statues, couronne merveilleusement ce magnifique ensemble. L'intérieur est imposant ; ces cinq nefs, dont chacune est aussi vaste qu'une de nos grandes cathédrales, vous saisissent et vous étonnent. Le jour y est bon, ni trop, ni trop peu. On n'y trouve pas cette profusion d'or qui gâte la plupart des églises d'Italie. Quelques très belles statues, entre autres le fameux Saint-Barthélemy écorché de Bamboja, qui serait peut-être plus à sa place dans un musée que dans une église. Nous admirons des tombeaux, des bas-reliefs, surtout ceux du transept et de la sacristie, les chapiteaux des immenses colonnes, d'un style très original, les anciens vitraux de l'abside, le fameux chandelier de bronze qu'on appelle « l'arbre de la Vierge », les deux chaires, d'un goût plus moderne, suspendues aux colonnes de l'entrée du chœur, et enfin le tombeau de saint Charles Borromée, dans une chapelle souterraine, complétement revêtu de ciselures en argent doré du plus beau travail.

Il nous arriva dans cette chapelle une assez bonne aventure : le cicerone qui nous la faisait visiter était revêtu d'une soutane, et nous le prenions pour un ecclésiastique attaché à l'église ; il nous offre de nous montrer le corps du saint, enfermé dans un cercueil de cristal, et nous demande 5 francs par personne. Trouvant que nous vénérions aussi bien saint Charles en priant sur sa tombe qu'en regardant son corps avec une futile curiosité, je refusai net. Alors le sacristain que nous avions pris pour un prêtre, furieux de voir lui échapper la pistole qu'il reluquait, entra dans une colère bleue, et se mit à casser les chaises et les prie-Dieu. Nous sortîmes de là peu édifiés; mais en Italie, il faut s'attendre à bien des déceptions semblables; tout le bas-chœur, tout ce qui tient à l'église par le goupillon, par le balai ou par l'araignoir, porte le costume ecclésiastique, et, franchement, on ne peut pas demander au bas-chœur les vertus du prêtre ou du religieux.

Après le Dôme, la Basilique Saint-Ambroise est la grande curiosité religieuse de Milan. C'est du seuil de cette église que saint Ambroise excommunia l'empereur Théodose après le massacre de Thessalonique. A gauche, en face d'une petite porte donnant dans un cloître latéral, j'ai remarqué une immense chaire en marbre, très ancienne, d'un travail fort curieux. L'église, et le cloître qui la précède sont remplis de vieilles inscriptions, de fragments d'anciennes peintures, de débris de bas-reliefs. Que de trésors pour les archéologues, mais aussi que d'actes de vandalisme à l'actif des siècles passés!

Santa Maria della Grazia est une vieille église romane, victime des restaurations de la Renaissance; elle contient de fort belles choses, entr'autres, deux fresques bien dégradées de Ferrari, représentant la Flagellation et le Crucifiement.

Dans le réfectoire de l'ancien couvent attenant à

l'église, se trouve la fameuse fresque de la Cène, de
Léonard de Vinci. Les siècles et les révolutions ont
bien endommagé ce chef-d'œuvre, et dans quelques
années, peut-être, il n'en restera plus que le souvenir et les reproductions.

En entrant en Italie, c'est la première œuvre
vraiment magistrale qui frappe nos yeux ; l'impression qu'elle nous cause en est d'autant plus grande.
C'est beau dans toute l'acception du mot. Nous
trouvons là un jeune homme, à figure sympathique, qui copie la tête du Christ ; elle est réussie ;
c'est bien là le Christ, c'est bien l'expression que
Léonard de Vinci a voulu donner au Sauveur du
monde. Cet artiste est très boiteux ; il parle assez
difficilement le français ; moi, encore plus mal
l'italien ; nous causons néanmoins et nous nous
comprenons : il me donne sa carte ; il se nomme
Barbaglia, et j'ai su depuis que c'est un des meilleurs
peintres de toute l'Italie.

Nous visitons encore d'autres églises, mais aucune
ne m'a laissé de bien profonds souvenirs.

A l'angle nord-ouest de la grande place du Dôme
se trouve la place dei Mercanti, entourée de beaux
édifices du Moyen Age et de la Renaissance, qui lui
donnent beaucoup de caractère ; ce sont : le palais
della Ragione, la Torre del Orologio, la Scuola
Palatina, le palais dei Mercanti.

Plus au nord-ouest, la place de la Scala, avec le
théâtre de ce nom, dont l'architecture n'offre rien
de remarquable. Vis-à-vis du théâtre, le palais
Communal ou del Marino, du commencement de la
Renaissance, qui a bien conservé son cachet.

Entre la Scala et la place du Dôme, se trouve la galerie Vittorio Emmanuele, passage couvert et vitré, où on trouve des magasins à l'instar de Paris. Les Milanais sont très fiers de cette galerie, où ils vont flâner le soir, et ne manquent pas de vous la citer comme la grande merveille de leur ville : pour mon compte, si j'entre dans cet ordre d'idées, j'avoue que je préfère infiniment le boulevard des Italiens.

Au chevet du Dôme commence le corso Vittorio Emmanuele, longue et large rue qui se prolonge jusqu'à la porte Venezia, et jusqu'à l'enceinte de Milan. A gauche du corso, le long de l'enceinte, le Jardin public va rejoindre la gare; il est beau et bien tenu.

La place d'Armes et le Vieux-Château sont aussi choses à voir. Le Vieux-Château, ancienne forteresse des Sforza et des Visconti, aujourd'hui caserne, est un assemblage de tous les styles d'architecture militaire depuis le Moyen Age jusqu'à nos jours : l'effet n'en est pas moins remarquable. J'ai regretté de ne pouvoir en visiter l'intérieur. A l'autre extrémité de la place d'Armes, et faisant face au Vieux-Château, se trouve l'arc de triomphe du Simplon, élevé par Napoléon Ier à la gloire des armées françaises, transformé ensuite par l'empereur d'Autriche en Arc de la Paix, et aujourd'hui dédié à l'affranchissement et à l'unité de l'Italie qui se font contre nous : « *Sic vos non vobis.* »

La place d'Armes est immense; elle m'a paru beaucoup plus grande que le Champ-de-Mars. A droite, en regardant du château, est une bizarre

construction qui voudrait ressembler aux amphi-
théâtres romains : c'est le cirque Naval, bâti sous
la domination française pour donner des nauma-
chies. Je ne sais trop à quoi cela peut bien servir
aujourd'hui.

Nous aurions bien voulu rester vingt-quatre
heures de plus à Milan, où nous avions encore tant
à voir ; mais nous avions hâte de laisser derrière
nous la neige, qui n'était pas encore complétement
fondue ; et puis le temps nous pressait : nous étions
attendus à Goritz, nous voulions visiter Venise, et
être à Rome au moins vers le milieu de la Semaine
sainte. Que de choses à faire en douze jours !...
Nous nous contentons donc d'une courte visite au
palais de la Brera, laissant le Musée, la Bibliothèque
Ambroisienne et mainte autre curiosité pour un
autre voyage, et nous nous mettons en route pour
Venise.

Jusqu'à Brescia, la Lombardie est assez monotone ; mais dans toute l'Italie, quand les yeux restent
inactifs, l'esprit n'a-t-il pas de quoi s'occuper ? A
chaque instant, les noms des stations ou des loca-
lités environnantes viennent nous rappeler des évé-
nements historiques, qui, depuis l'antiquité jusqu'à
présent, nous touchent de bien près. Suze, Novi,
Alexandrie, Marengo, Pavie, Marignan, Brescia,
Fornoue, Rivoli, Castiglione, Montebello, Solferino,
Castelfidardo, Mentana, évoquent les souvenirs de
Charles VIII, de François Ier, de Bayard, de Gaston,
de Desaix, de Masséna, de Napoléon, du prince
Eugène, d'Espinasse, de Pimodan, de Lamoricière,
et de bien des amis que nous avons connus et qui

ont laissé leurs os sur la terre italienne. Malgré soi, on refait un cours d'histoire, bien à bâtons rompus, il est vrai, car on est obligé de passer à chaque instant des Francs de Charlemagne aux lansquenets du connétable de Bourbon, des compagnies d'ordonnance de Bayard et de La Palice aux soldats sans souliers de Desaix, des bandes de Trivulce aux régiments du second Empire, des Guelfes et des Gibelins aux zouaves de Charette. Un indicateur des chemins de fer italiens pourrait s'appeler un « *Appendix* au *Gesta Dei per Francos.* » Pauvre France, naguère si glorieuse, même dans ses folies, jusqu'où descendra-t-elle entre les mains des Pot-de-Viniers de la République !

Nous passons Brescia, gracieusement assise au pied d'une haute colline. Dans le lointain, à gauche, nous commençons à voir les Alpes, et nous ne les perdrons plus de vue jusqu'à Goritz. Un ciel clair les fait ressortir comme un fonds de tableau splendide, tableau auquel il manque un premier plan ; mais cet horizon est assez beau pour pouvoir s'en passer. A droite, nous apercevons la tour de Solferino. Nous arrivons à Desenzano ; nous côtoyons un instant le lac de Garde d'où sort le Mincio ; nous voyons le beau lac s'enfoncer dans les gorges et dans les coupures des montagnes ; nous suivons son rivage jusqu'à Peschiera, ravissante petite ville de pêcheurs, et nous arrivons à Vérone.

Que je regrette de n'avoir pu visiter Brescia, Vérone et Mantoue, trois villes très curieuses et si pleines de souvenirs ! Comme Nivernais, je regrette peut-être surtout Mantoue, autrefois réunie avec

Nevers sous le sceptre ducal des Gonzague. On doit y trouver encore quelques points de contact avec notre vieille cité.

A Vérone, beaucoup de fortifications : les sujets d'étude ne manquent pas pour les amateurs de bastions, de courtines, de casemates et de redans. Nous passons l'Adige; nous voyons Montebello, dans une belle position; Vicence, entourée de jolis jardins; Padoue, que nous visiterons plus tard; Mestre, où s'embranche le chemin de fer qui conduit à Venise, et nous arrivons à la nuit au bord de la lagune. En un quart d'heure nous la traversons sur un pont de cinq kilomètres, et nous voici à la gare de Venise : j'avoue qu'il est plus commode d'arriver à Venise sans être obligé de se transborder sur un bateau pour traverser la lagune; mais Venise station de chemin de fer!! n'est-ce pas là une aberration par trop réaliste de l'esprit moderne!...

II

VENISE

Je connaissais déjà Venise, et cependant l'impression que j'éprouve en y arrivant est encore celle de l'étonnement. On ne s'habitue pas à cette ville étrange : je suis convaincu que j'y viendrais dix fois, que dix fois cette impression serait la même.

En débarquant de notre wagon, nous sommes assiégés par les employés des hôtels qui nous accablent d'offres de service. On est tenté de les envoyer paître : peu à peu on s'habitue à cette importunité au fond fort commode, car avec eux on n'a à s'inquiéter de rien. A l'arrivée comme au départ, ils se chargent de vos bagages, les réclament ou les font enregistrer ; ils prennent vos billets, et le moindre pourboire les contente ; de plus, ils vous défendent contre l'armée de mendiants, de *facchini*, qui vous obsèdent partout en Italie. Par erreur, et voulant aller à l'hôtel Beaurivage, je confie nos sacs de nuit et nos destinées à l'employé de l'hôtel Bellevue. Je n'ai pas eu à le regretter ; je souhaite au contraire

3

de ne jamais commettre que de pareilles erreurs.

La gondole de l'hôtel nous emmène, nous et nos bagages : ma fille est assez étonnée de ce genre d'omnibus tout nouveau pour elle. Nous suivons le Grand Canal; nous le quittons pour y revenir et pour le quitter encore; et par un labyrinthe de petits canaux, nous arrivons à l'hôtel Bellevue, admirablement situé à l'angle de la place Saint-Marc.

L'hôtel n'est pas encombré; nous choisissons des chambres : nos fenêtres donnent sur la place; nous avons la perspective de la Piazetta, du Port et de l'île Saint-Georges. A droite, la place Saint-Marc; à gauche, la petite place des Lions : sous nos yeux, les façades de Saint-Marc et du palais des Doges. C'est, je crois, la plus ravissante situation qu'on puisse désirer à Venise. En outre, le voisinage de la place nous permet d'utiliser nos jambes si bon nous semble, sans être obligés d'avoir recours à un guide ou à une gondole, ce qui n'est pas toujours facile à Venise. Nous dinons et nous nous hâtons d'aller faire un tour sous les galeries des Procuraties, et d'admirer à la lueur du gaz cette place sans pareille au monde.

Le lendemain, au réveil, notre premier mouvement est d'aller regarder à la fenêtre : le coup d'œil que nous avons de notre balcon nous donne le désir d'aller voir de plus près toutes ces merveilles. Tout est nouveau, tout est étrange : Saint-Marc, avec sa façade de mosaïque, avec ses mille clochetons, nous fait l'effet d'une mosquée; le palais des Doges avec son architecture orientale et ses portiques en ogive, le Campanile qui se dresse devant nous, les galeries

qui entourent la place, cette population bigarrée,
ces porteuses d'eau qui reviennent de remplir leurs
seaux de cuivre aux puits du palais, tout cela ressemble si peu à ce que nous voyons ordinairement !
Nous nous demandons si nous sommes encore en
Europe, ou si quelque bon génie nous a tout à coup
transportés en Orient.

Notre maître d'hôtel, un brave Autrichien, met à
notre disposition un guide excellent, non-seulement
connaissant admirablement sa Venise, mais encore
très bon critique d'art. Il signor Giovanni Pavanello
parle suffisamment le français, il possède une certaine instruction et est bien élevé. Nous n'avons eu
qu'à nous louer de ses bons services. Nous déjeunons à la hâte, et nous voici en route.

Nous commençons par faire « le tour de ville. »
Beaucoup de personnes n'ont vu Venise que de la
cabine d'une gondole, et ne connaissent que le
Grand Canal et les principaux canaux. Venise gagne
beaucoup à être vue à pied. Ce dédale de petites
rues, cette population étrange qui y grouille, ces
mille ponts sur les canaux qu'on traverse à chaque
instant, donnent bien mieux qu'une promenade
en gondole, une idée vraie de la ville. A tous les
coins de rue, nous prenons la population sur le vif.
Les marchandes de légumes cuits à l'eau ont devant
leurs boutiques un cercle de consommateurs. Les
gens du peuple se nourrissent presque exclusivement
de ces légumes qu'ils n'ont pas la peine de faire
cuire chez eux : ils y ajoutent quelques fruits et des
pépins de citrouille, et voilà leur repas fait.

De temps en temps nous entrons dans une église :

toùtes sont plus ou moins curieuses; toutes contiennent des œuvres artistiques remarquables. Beaucoup d'entre elles possèdent des tableaux du Titien,
du Tintoret, de Paul Véronèse, de Bellini, de Carpaccio; des bas-reliefs et des statues des Lombardi,
de Léopardo, de Sansovino, et d'autres artistes célèbres.

Venise n'est pas encore abîmée, mutilée par la
manie de la modernisation. Elle n'a pas encore eu
un Haussmann qui ait pris fantaisie de redresser et
d'élargir ses ruelles étroites et tortueuses, de combler
ses canaux pour en faire des boulevards; et cependant j'ai pu constater quelques tentatives malheu-
reuses en ce genre. Du côté de la gare un canal a
été comblé pour en faire la via Vittorio Emmanuele;
auprès de l'arsenal, on m'a montré aussi la via Garibaldi..... Ces deux noms sont-ils donc destinés à
être attachés à tous les actes de vandalisme, à toutes
les sottises? Faites de Venise une ville moderne,
avec de grands magasins, avec des « Louvre », des
« Bon Marché » et des « Petit Saint-Thomas », avec
des rues, des boulevards et des trottoirs, et vous
achèverez de tuer cette vieille cité, qui agonise déjà
depuis qu'elle n'a plus son autonomie, depuis qu'elle
n'est plus sa propre capitale.

A chaque pas, des marchands de bric-à-brac vous
tentent en vous montrant un tas de bibelots plus
ou moins authentiques, mais ayant toujours un certain cachet, une certaine couleur locale. Les femmes,
coiffées en cheveux (que par parenthèse elles ne
peignent que le dimanche), glissent sans bruit sur
les dalles de marbre avec leurs mules sans talons;

les hommes sont enveloppés de ces grands manteaux doublés de vert si chers à tous les Italiens ; à
chaque embranchement de canal, à chaque tournant, les gondoliers chantent pour avertir ceux qui
pourraient venir dans une autre direction ; il n'y a
ni crotte, ni poussière, ni bruit de voitures, et c'est
fort appréciable.

L'arsenal est fort curieux ; il peut recevoir des
navires d'un certain tonnage ; il possède un musée
rempli de vieilles armes, de modèles de vaisseaux
anciens. Nous y voyons le Bucentaure, les anciennes galères de la République, les armures des
doges et des amiraux qui firent la grandeur de
Venise. Trois magnifiques lions de marbre venant
de l'Ionie ont l'air de défendre l'entrée. Du reste,
Venise est un immense musée de curiosités superbes apportées de l'Orient « *du temps de la
République,* » comme dit notre guide en poussant
un soupir : les colonnes de Saint-Marc, les fameuses
colonnes de granit, les lions de la petite place, et
bien d'autres monuments, sont tous des trophées
de conquête.

La rue principale et la plus curieuse se nomme
la Merceria : elle commence à la place Saint-Marc,
sous les arcades des Procuratie Vecchie, auprès de
l'horloge et de notre hôtel, et elle va en serpentant
traverser le Grand Canal sur le pont du Rialto. On y
trouve des boutiques de toute espèce. Le pont du
Rialto lui-même est garni d'une double rangée de
ces boutiques et offre un aspect curieux et animé.
De l'autre côté du pont se trouvent le marché aux
légumes et le marché au poisson, également cu-

rieux ; et où on peut voir tous les types du peuple
vénitien.

Nous circulons à pied, en gondole; nous suivons
quelquefois le Grand Canal sur de petits vapeurs,
qui, moyennant trois sous, nous portent d'une station à une autre, et qui font un singulier effet au
milieu de tous ces vieux palais : des vapeurs dans
la ville des Doges ! Nous traversons le canal sur une
barque moyennant cinq centimes; nous le suivons
dans toute sa longeur dans la charmante gondole de l'hôtel, et nous admirons en passant les
façades bizarres des palais, qui nous offrent tous les
genres et tous les types d'architecture. Nous remarquons les palais Giustiniani, Mazoni, Contarini, Cornaro, Cavalli, qui appartenait encore dernièrement
au comte de Chambord ; Foscari, Balbi, Mocenigo,
Loredan, Pezaro, Vendramini, Cadoro, et tant d'autres dont les noms m'échappent. Pour moi, les plus
remarquables dans différents genres sont les palais
Cadoro, Cavalli, Grimani, Bembo et Pisani.

Venise n'est guère une ville démocratique. En
nous montrant tous ces palais, notre guide ne pro-
nonce jamais les grands noms de la vieille noblesse
vénitienne, comme Cornaro, Mocenigo, Barbarigo,
Foscari, Pisani, sans se découvrir avec respect devant
l'écusson ducal qui surmonte encore leur porte.
C'est avec un certain orgueil qu'il nous cite celles
de ces vieilles familles qui ont encore des représentants. Quand, passant devant la façade d'un bel
édifice, nous lui demandons : Quel est ce palais?
— Pas un palais; une maison, — nous répond-il
avec dédain lorsque le propriétaire est un juif ou

un simple roturier. Pour lui, il n'y a de palais que
ceux qui ont appartenu ou qui appartiennent encore aux vieilles familles inscrites au Livre d'or de
l'aristocratique République.

Nous voyons la Giudecca, quartier séparé de la
ville par le large canal du même nom; Saint-
Georges-le-Majeur, autre île plus éloignée, située
vis-à-vis du palais des Doges et du port des Gon-
doles; la rive des Esclavons, large quai, le seul qui
existe à Venise, où toute la population vient faire
usage de ses jambes, et qui s'étend sur les bords de
la mer depuis la Piazetta jusqu'au Jardin public,
situé à l'extrémité nord de la ville, du côté du Lido.

On ne se lasse pas de voir Venise : quand on se
place sur la rive de la Piazetta, entre les fameuses
colonnes de granit, ayant à sa droite l'entrée du
Grand Canal, la Giudecca, Notre-Dame de la Salute
et le palais Royal; devant soi, la Douane de Mer,
Saint-Georges-le-Majeur et l'Adriatique; à sa gauche,
le Lido, le Jardin public, l'entrée de l'Arsenal, la
rive des Esclavons et le fantastique palais des Doges,
on jouit vraiment d'un des plus beaux panoramas
qu'il soit possible de voir.

Nous grimpons au Campanile. On y monte par
une pente douce qui remplace avantageusement les
escaliers. Une vue splendide nous dédommage de la
légère fatigue de cette ascension. L'œil embrasse
Venise tout entière dont pas un détail n'échappe;
les îles environnantes; le Lido; Murano, où sont
situées les fameuses verreries; les montagnes du
Frioul et de l'Istrie; enfin, le territoire de Vicence
et de Padoue, et toute la côte de l'Adriatique.

Je n'entreprendrai pas de décrire toutes les églises que nous avons visitées, pas plus que tous les chefs-d'œuvre qu'elles renferment : je me contenterai de signaler celles qui m'ont le plus frappé. Comme dans toute l'Italie, les sacristies sont remplies d'objets d'art, de tableaux, de sculptures sur bois, de marqueteries d'un travail merveilleux, de pièces d'orfévrerie et de bronzes comme on n'en voit pas ailleurs.

Une des plus belles églises de Venise est Santi Giovanni e Paolo, d'un beau style gothique italien, sorte de Panthéon rempli des tombeaux des grands hommes de la République. Ces mausolées sont pour la plupart des chefs-d'œuvre : ils m'ont rappelé cette réflexion de je ne sais plus quel auteur : « *On est choqué de voir l'homme tenir tant de place dans la maison du Seigneur.* » J'y ai remarqué les tombeaux des Mocenigo et des Lorédan, par les Lombardi; de Marc-Antoine Barbarigo, écorché vif par les Turcs à Famagosta. En fait de peintures, une superbe Vierge de J. Bellini; des tableaux de Carpaccio, de Bonifaccio ; le Crucifiement, du Tintoret, etc.

Il y a quelques années, un incendie détruisit complétement la chapelle du Rosaire, attenant à cette église, et consuma le fameux tableau du Titien représentant le martyre de Saint-Pierre de Vérone. Cet incendie anéantit encore bien d'autres chefs-d'œuvre. La chapelle était entourée de bas-reliefs de Sansovino représentant la vie de la Vierge. Malgré les mutilations que ce désastre leur a fait subir, ce qui reste de ces bas-reliefs est encore magnifique et d'un grand effet. Je ne sais même pas si les teintes que le feu a donné aux marbres, n'ajoutent pas encore à leur beauté.

San Zaccaria est aussi fort remarquable : c'est un composé de plusieurs styles, mais ce mélange de gothique et de renaissance n'en est pas moins très harmonieux. En entrant, j'ai été frappé par un élégant bénitier, de la vasque duquel émerge une charmante statue de saint Jean-Baptiste.

San Salvator est comme Santi Giovanni e Paolo, rempli de tombeaux, entr'autres celui de la fameuse Catherine Cornaro, reine de Chypre.

L'église du Gesu, très ornée de marbres de toutes couleurs, et d'un goût au moins douteux, possède une belle Assomption du Tintoret.

Notre-Dame de la Salute, élevée en actions de grâces pour la cessation de la peste de 1630, occupe une position superbe à l'entrée du Grand Canal : style de la décadence; — belles statues; — tableaux du Titien, du Tintoret, du Padovanino.

Santa Maria del Carmine a été restaurée avec le mauvais goût du dix-septième siècle : orgue à volets peints, dit-on, par le Tintoret.

L'église dei Frari est encore pleine de monuments funèbres, entr'autres le tombeau du Titien. Elle possède une belle statue de saint Jean-Baptiste, par Donatello, et quelques bons tableaux de Palma le vieux, de Bellini, de Salviati. C'est dans cette église que se trouve le monument de Canova, élevé, dit-on, sur ses dessins, et chef-d'œuvre du plus parfait mauvais goût. Comment un homme de génie peut-il sacrifier ainsi au mauvais goût de son époque, et

commettre de pareilles horreurs, quand il a sous
les yeux les œuvres des Lombardi, des Donatello,
des Sansovino et de tant d'autres?

San Rocco, et à côté de l'église, la Scuola di San
Rocco, chapelle appartenant à une confrérie, sont
remplies de superbes peintures du Tintoret : église
et chapelle sont à elles deux un magnifique musée.

Mais la reine des églises de Venise, et j'oserai
dire de toute l'Italie, c'est Saint-Marc. Il n'y a qu'un
Saint-Marc, comme il n'y a qu'une Venise au monde !
Toute la magnificence, toute la fantaisie de l'Orient
ont été mises là au service de l'art chrétien. C'est
étrange, cela « vous empoigne, » comme dirait dans
son argot, un journaliste boulevardier. C'est un
style à part : le gothique, le roman, le byzantin et
l'arabe s'y mêlent et s'y confondent. Les minarets
et les coupoles rappellent les temples russes et
les mosquées de l'Orient. Les colonnes de marbre,
les ornements de bronze, les sculptures, viennent des temples grecs de l'Ionie. La façade du
péristyle est couronnée par les quatre célèbres chevaux de bronze, qui, pour n'avoir que des jambes
de métal, n'en ont pas moins fait beaucoup de
chemin; puisque de l'Arc de Néron à Rome, ils sont
allés à Constantinople; de Constantinople à Venise;
de Venise à Paris, d'où ils sont revenus à Saint-
Marc.

Les mosaïques qui ornent l'église au dedans et
au dehors sont des plus curieuses. On dirait des
tableaux peints avec des pierres précieuses. La chapelle Zeno, qui donne sur le péristyle, est une
merveille.

L'intérieur de Saint-Marc est d'une richesse incomparable. Quelle profusion de marbres, de mosaïques, de bronzes! le chœur, les chaires, les ambons, les balustrades du chœur représentant les Évangélistes, sont en bronze ciselé par Sansovino. L'autel est en marbre vert antique richement sculpté. On prétend que les colonnes de porphyre du ciborium proviennent du temple de Salomon. Le pavé est une immense mosaïque. Quand on sort de Saint-Marc, il ne faut plus rien regarder, car rien ne paraîtrait beau après de pareilles magnificences.

Avec Saint-Marc, l'autre merveille de Venise est le palais des Doges. Sa masse énorme, de briques d'une couleur tout orientale, percée de fenêtres gothiques, est supportée par de gracieuses colonnes réunies par des arceaux en ogive formant une élégante galerie. La façade sur la Piazzetta et celle qui donne sur la rive des Esclavons sont pareilles; les façades intérieures sont en partie d'un autre style.

Ce palais est un des monuments les plus complets que nous ait laissé le Moyen Age : et, que de souvenirs! L'escalier des Géants, l'escalier d'Or, les Plombs, les Puits, le Pont des Soupirs, nous rappellent une foule de mystérieuses légendes.

L'antique demeure des Doges est aussi un musée artistique et historique. Les murs de ses vastes salles sont couverts de tableaux du Titien, de Tintoret, de Paul Veronèse, de Bellini, des deux Palma, etc. Parmi les plus remarquables, je citerai quelques fresques en grisaille de Tintoret; son immense tableau de la Gloire du Paradis (composition bien supérieure, à mon avis, au Jugement dernier de

Michel-Ange, que j'ai vu quelques jours après à la chapelle Sixtine); des plafonds de Paul Véronèse; une vierge de Bellini; les portraits des Doges qui forment la frise de la salle du Grand Conseil; le Jugement dernier de Palma le jeune; la Vierge au donataire du Titien, où la famille Pezaro est représentée aux pieds de la Madone; plusieurs tableaux historiques de Bassano, Titien, Véronèse, Tintoret. Dans la chapelle du palais, j'ai remarqué quelques tableaux qui étaient autrefois dans la bibliothèque du Palais Royal, où on ne les voyait que difficilement; entr'autres le Christ aux limbes de Giorgione, et un Christ aux Oliviers de Véronèse; ce dernier tableau est une de mes peintures de prédilection.

Ces tableaux paraissent d'autant plus beaux qu'ils sont là dans leur véritable cadre. La plupart ont été faits pour la place qu'ils occupent. Toute l'histoire de Venise est là, peinte sur les murs de ces salles magnifiques, et le musée du Palais Ducal pourrait s'appeler « *Histoire des victoires et conquêtes des Vénitiens, peinte par eux-mêmes.* » C'est bien là un véritable musée national.

L'escalier d'Or est décoré de stucs inimitables de Vittorio et de Sansovino : l'or qui le couvre et qui lui a fait donner son nom, ne choque pas comme dans nos décorations modernes : on voit bien que ce n'est pas l'entrée de la maison d'un parvenu qui veut éblouir ses visiteurs. La salle du Grand Conseil étonne par la majesté de ses proportions : de sa gigantesque fenêtre donnant sur le port, on a une vue féerique. La salle du Conseil des Dix, la salle du

Scrutin, la salle du Sénat, quoique plus petites, sont également superbes. La salle des Ambassadeurs est imposante, et quand les Dandolo, les Priuli, les Vénier, entourés du Sénat de Venise, recevaient là les ambassadeurs des puissances étrangères, ceux-ci ne devaient pas avoir les accès de fou rire que leurs arrières-neveux éprouvent aujourd'hui en sortant de l'Elysée. L'escalier des Géants avec ses grandes statues et ses marqueteries de marbre; la partie du palais qui rejoint Saint-Marc; la porte d'entrée; tout cela se suit, s'harmonise, et complète bien le plus bel édifice qui soit peut-être en Europe.

Outre les splendides peintures du palais des Doges, Venise possède encore une magnifique galerie, l'Académie des Beaux-Arts. On reproche à cette collection de n'avoir presque que des tableaux de l'école vénitienne; je ne saurais m'en plaindre : les tableaux ne sont-ils pas comme les fruits qui gagnent sous le soleil qui les a fait éclore? et puis, j'aime cette école vénitienne, avec sa richesse de couleur, avec son mouvement, avec son sentiment spiritualiste et chrétien ! J'ai vu depuis les belles galeries de Rome et de Florence; pour moi, l'école vénitienne prime toutes les autres; et si on en excepte Raphaël, et quelques tableaux du Dominiquin, du Guide et des Carrache, je donnerais les œuvres de tous les autres peintres pour un Paul Véronèse, pour un Tintoret, pour un Titien ! Qu'elles sont belles ces vierges du Titien entourées de saints et d'anges ! et ces Doges et ces sénateurs du Tintoret, dans leurs robes de pourpre, ou couverts de leurs riches armures ! et ces grands tableaux de Paul Véronèse, si pleins de vie de mouvement et d'expression ! Chacun de ces maîtres a une couleur qui lui est propre : quand on a vu leurs œuvres, on les reconnaîtra partout à travers celles d'une foule de grands artistes. On ne peut imiter leur couleur : j'ai vu de très bons peintres essayant de copier l'Assomption du Titien ou la Cène de Véronèse; malgré tout leur talent, les tons si riches et en même temps si fondus des originaux, faisaient dans leurs copies l'effet des couleurs criardes de chromo-lithographies.

L'Académie des Beaux-Arts contient vingt salles : il faudrait un an pour bien voir tous ces tableaux. Notre excellent guide nous faisait remarquer les plus beaux; car nous n'avions pas le temps de nous arrêter des heures devant chacune de ces toiles.

J'ai distingué quelques vieilles peintures grecques et byzantines d'un grand effet; puis, des vierges de Francia et de Bellini; la fameuse Assomption du Titien; le Miracle de saint Marc du Tintoret, qu'on a surnommé le Miracle du Tintoret; la sainte Catherine de Francia; le Repas chez Levi, improprement nommé la Cène, de Paul Véronèse, immense tableau qui remplit tout le côté d'une vaste salle et qui, vu du fond de la salle qui fait suite, fait l'effet d'un vrai musée Grévin, tant les personnages ont de mouvement et de relief; une série de tableaux du vieux Carpaccio, représentant l'histoire de sainte Ursule; quantité de portraits du Tintoret, et une foule de tableaux de Palladio, Francia, Bellini, Bonifaccio, Vivarini, Murano, Bassano, etc., tous plus remarquables les uns que les autres.

Venise est un vaste musée; ses fabriques de verreries, ses magasins, regorgent d'objets qui ailleurs ne seraient peut-être rien, mais qui, réunis là, se donnent mutuellement un singulier cachet. Les plus beaux magasins sont situés sous les arcades des Procuraties, qui entourent la place Saint-Marc : c'est là qu'on trouve les vieilles guipures, les verres, les émaux et les mosaïques, les bijoux, qui ont tous un certain air oriental : çà et là, quelques articles de Paris viennent bien faire tache dans cet immense bazar, mais dans la masse, ils passent assez inaperçus. C'est le pays des belles photographies, qui se vendent à un bon marché fabuleux. Le soir, tous les étrangers viennent flâner sous ces galeries qui offrent alors un coup d'œil des plus animés.

Il y a toujours des pigeons sur la place Saint-Marc, quoique notre guide prétende que ces animaux, peu révolutionnaires, ont diminué beaucoup depuis quelque temps. Il paraît qu'ils étaient plus grassement nourris du temps de la splendeur de la République. Tout étranger qui se respecte ne manque jamais d'aller porter à ces intéressants oiseaux la traditionnelle poignée de maïs.

Après dîner nous allions souvent, comme des enfants, faire notre dessert sur la place, où on vend des fruits confits excellents embrochés dans de petites baguettes, comme on vend chez nous des petits gâteaux sur les promenades publiques.

Notre guide, comme tous les Vénitiens pur sang, regrettait beaucoup les beaux jours de la République : Notez bien que je suis loin de dire qu'il fut révolutionnaire : « *C'était du temps de la République*, » disait-il en nous montrant avec respect

quelque monument ou quelque trophée de victoire :
et avec quelle douloureuse expression il nous parlait
de la ruine de quelque vieille famille ducale, ou
nous montrait le délabrement de quelque palais
historique ! On voyait qu'il pensait ce qu'il disait :
« *Povera Venezia !* » gémissait-il en parlant de la
Venise d'aujourd'hui. Et en effet, à l'admiration des
monuments de la splendeur d'un autre âge, se mêle
un sentiment de profonde tristesse, en voyant cette
déchéance, en assistant à l'agonie de cette vieille
capitale ! à Venise, on se reporte malgré soi aux
temps passés, on se sent devenir républicain !

Du moment qu'elle n'est plus la capitale d'une
République aristocratique, commerçante et guer-
rière, Venise n'a plus de raison d'être ; et quand on
compare la Venise du Moyen Age avec la Venise
actuelle, on se demande d'où venait cette splendeur,
et d'où vient cette décadence ?

Pour moi, cette cause, la voici : allez au palais
des Doges ; regardez sur les murailles des salles :
toute l'histoire de Venise est là, écrite par ces sublimes poètes qui se nommaient Titien, Tintoret,
Véronèse ! Dans tous les tableaux qui représentent
une victoire, un triomphe, un traité de paix, un fait
historique quelconque, vous verrez toujours les
figures des Doges ou la personnification allégorique
de Venise, prosternés aux pieds de l'Enfant Jésus, de
la Vierge ou des Saints ; soit pour leur rendre grâce,
soit pour implorer leur secours. Au Moyen Age,
Venise était chrétienne ; elle avait une mission à
remplir ; et les marchands qui rapportaient pieusement d'Alexandrie les reliques de Saint-Marc pour

en faire le patron de leur ville, aussi bien que les amiraux qui conduisaient les flottes de la République à la conquête de l'Orient, marchaient les uns et les autres sous l'étendard de la Croix.

Aujourd'hui, comme les autres peuples, les Vénitiens ont effacé de leurs étendards le signe de la croix pour y substituer des emblèmes maçonniques ; l'esprit de la Révolution a trouvé place chez eux : Venise a renié ses traditions ; elle a failli à sa mission, et en perdant sa foi, elle a aussi perdu sa liberté ! Elle est tombée ! — De la domination autrichienne, elle a passé sous le sceptre des Piémontais ; et au lieu de chercher à recouvrer sa liberté en revenant aux traditions chrétiennes d'où elle est sortie ; au lieu d'appeler à son secours « *la Madonna e Santi,* » comme au Moyen Age ; elle a recouru aux sociétés secrètes, aux Carbonari, aux conspirateurs athées et révolutionnaires : elle a renié la foi de ses pères, elle a rejeté Dieu, et aujourd'hui elle n'est plus qu'une ville morte ! *Povera Venezia !*

Nous nous trouvions à Venise le jour de la fête du roi Humbert : nous avons pu assister de nos fenêtres à une revue de la garnison (une division).

Cette armée est en progrès, et je crains qu'il ne nous faille compter sérieusement avec elle. Un miracle, pour moi, c'est qu'étant donnée la saleté naturelle des Italiens, on soit venu à bout de brosser les soldats comme ils le sont. Et ce n'est pas seulement les jours de revue, mais tous les jours, à la corvée aussi bien qu'à la parade, que les soldats italiens sont admirablement tenus. Hélas ! pourquoi n'en pouvons-nous pas dire autant des nôtres !

En revanche, les officiers me plaisent moins : trop de panache, trop de pose, pas de tenue sous les armes..Ils sont trop officiers d'opérette... Le général disparaissait sous un casque trop chargé de plumes, et avait trop l'air d'un figurant de l'Hippo-drome... Les officiers ne gardent pas sous les armes l'immobilité réglementaire, se remuent, s'agitent, brandissent leur épée d'une façon aussi grotesque que théâtrale. — L'artillerie m'a paru très belle, et a admirablement défilé. Les bersaglieri ont trop de plumes sur des chapeaux trop grands. On se demande à combien de coqs la formation de ces bataillons a pu coûter la vie.—J'aime mieux les chasseurs des Alpes, recrutés dans les montagnes; c'est une troupe superbe.

En somme, je crois que nous devons prendre cette armée au sérieux. De jour en jour, on élimine des cadres tous les éléments plus ou moins cra-puleux que l'incorporation des bandes garibaldien-nes y avait fait entrer. Il y a une chose qui me console : c'est qu'à part les vieilles troupes piémon-taises, tout le reste n'est peut-être guère solide. En mélangeant, comme on l'a fait, les recrues de toute l'Italie dans les régiments, on court risque de gâter ce qui est bon, sans améliorer le reste. Je me rappelle ce mot de je ne sais quel prince, qui disait en parlant des troupes recrutées dans certaines parties de l'Ita-lie : « *Habillez - les comme vous voudrez, leurs uniformes nouveaux ne les empêcheront pas de f..... le camp, dès qu'ils entendront le ca-non !* » Espérons-le ! et souhaitons que malgré les Farre, les Thibaudin et tous leurs pareils, une sem-blable parole ne puisse jamais nous être appliquée !

III

GORITZ

Il fallait nous décider à quitter Venise et ses
enchantements. Nous étions attendus à Goritz, et si
l'exactitude est la politesse des rois, à plus forte
raison doit-elle être celle des gens qu'ils attendent.
Nous prenons donc le chemin de fer de Trieste,
dont quelques heures seulement nous séparent.

Le pays qu'on parcourt est plat et aride pendant
la première moitié du chemin : cependant, une fois
à Trévise, on commence à avoir une belle vue sur
les Alpes. A Conegliano, la campagne devient plus
riante et plus fertile : nous entrons dans le Frioul;
les montagnes du Tyrol et de la Styrie se détachent
sur l'horizon. Nous passons Pordenone, Casara, et
nous franchissons le Tagliamento dont le large lit
contient plus de galets que d'eau. Tous ces fleuves
de cette partie de l'Italie ont cela de particulier,
c'est que leur lit, très large, composé de cailloux
roulés, est souvent plus élevé que les terrains environnants, et qu'on est obligé de construire des di-

gues pour leur assigner des limites. Ils sont à peu
près à sec pendant la moitié de l'année, et au moment de la fonte des neiges, ils deviennent souvent
des torrents. Nous voyons à droite Campo Formio,
et nous arrivons à Udine, dernière ville italienne.
Un instant après, nous sommes en Autriche. Les
formalités de la douane ne se font qu'à Goritz pour
les voyageurs qui vont à Vienne ou à Trieste, et à
Udine, pour ceux qui passent d'Autriche en Italie.
Du reste, Autrichiens ou Italiens, les douaniers ne
sont pas bien féroces, et ils sont toujours fort polis.

Enfin, nous passons l'Izonzo, et nous arrivons à
Goritz vers neuf heures du soir. La gare, sur le bord
du fleuve, est assez loin de la ville. Nous descendons
à l'hôtel de la Poste, où logent ordinairement tous
les Français, même ceux qui voyagent aux frais de
notre ignoble gouvernement pour aller espionner
les autres. Cependant, tout dernièrement, justice a
été faite à Goritz de cette classe de fonctionnaires
de la République.

Il était trop tard pour aller nous présenter à la
villa Beckmann : nous nous installons à l'hôtel, et
le lendemain, dès l'aube, j'allais faire ma visite à
M. de Foresta, de service auprès de Monseigneur.
Ai-je besoin de dire avec quelle affabilité, avec
quelle cordialité, j'étais reçu par le vieil ami du
comte de Chambord! M. de Foresta me quitte pour
annoncer mon arrivée à Monseigneur : il revient
au bout de quelques minutes me dire que le Roi
nous attendait à dîner le soir même.

Nous avions quelques heures devant nous; j'en
profite pour faire visiter Goritz à ma fille. Goritz est

une ville de 15 à 18,000 âmes, dans une charmante position, sur le bord de l'Izonzo, et au pied des Alpes carinthiennes; elle est d'une propreté remarquable. Les habitants sont d'une grande affabilité, surtout envers les Français qui viennent visiter Monseigneur, pour lequel ils ont un grand attachement et une vénération profonde. Un Français admis à la villa Beckmann, a, en quelque sorte, droit de cité à Goritz, et est traité avec la plus grande considération par tous les bons Goritziens, à quelque classe qu'ils appartiennent : mais leur amabilité est souvent dépensée en pure perte; car à Goritz, comme dans presque toute l'Illyrie, on ne parle ni allemand, ni italien, ni français; mais slave; et je ne crois pas que même parmi les savants les plus polyglottes, il se trouve beaucoup de personnes possédant cette langue dans leur répertoire.

L'hiver, beaucoup de membres de l'aristocratie austro-hongroise viennent chercher à Goritz un climat plus doux que celui du centre; en effet, l'olivier et le citronnier y croissent assez bien. Les montagnes qui environnent la vallée sont boisées et très pittoresques. Ce n'est pas encore le Tyrol et la Carinthie, mais c'est déjà bien différent de l'Italie.

Une vielle forteresse, dans une belle position, domine la ville. Goritz a une forte garnison autrichienne, infanterie et cavalerie, dont les officiers sont souvent admis chez Monseigneur.

Goritz est la résidence d'un archevêque, qui est en même temps primat d'Aquilée.

La ville n'a rien de très remarquable. La cathédrale, du dix-septième siècle, possède d'assez bonnes peintures : il y a aussi une autre église assez belle.

Nous allons faire notre pèlerinage au couvent des Franciscains, à deux kilomètres de Goritz, où se trouve le tombeau de Charles X. Dans une petite chapelle latérale, à droite de l'église, une simple pierre indique le lieu où repose le dernier Roi de France, chassé par la Révolution. A côté de lui, son fils le duc d'Angoulème et Madame la Dauphine, la noble fille de Louis XVI, dorment aussi dans ce caveau royal.

Je ne connais rien de touchant comme cette tombe française sur la terre étrangère qui donne asile à la fois à nos regrets et à nos espérances ! Il semble que sa simplicité ajoute à sa grandeur, et que la majesté du malheur augmente encore la majesté royale !

En traversant la ville, nous croisons un grand breack attelé de deux superbes juments grises. Deux personnes y sont assises, enveloppées dans des fourrures, en costume de chasse. La rue était étroite, nous nous rangeons pour faire place; la voiture passe rapidement, et c'est seulement quand elle est à quelques pas, que je reconnais le Roi de France !

Il m'avait bien reconnu, lui qui n'oublie jamais rien ni personne, et, le soir, il me plaisanta beaucoup sur l'affaiblissement de ma vue : il allait, accompagné du jeune comte de Foresta, chasser sur les bords de l'Izonzo.

Nous allons faire notre visite au marquis et à la marquise de Foresta : on ne peut se faire une idée de leur aimable bienveillance. De taille moyenne, les cheveux presque blancs, légèrement frisés, avec sa figure spirituelle et ouverte, respirant la bonté en même temps que la distinction la plus parfaite, le marquis de Foresta est bien le type du vrai gentilhomme français. La marquise est la bonté même ; je lui serai toute ma vie reconnaissant de la manière affectueuse et toute maternelle avec laquelle elle a bien voulu accueillir ma fille. En attendant le retour de Monseigneur, madame de Foresta, nous fait visiter les jardins, d'où on a une vue superbe : nous apercevons le propriétaire de la villa Beckmann, moitié Juif moitié Tyrolien ; Monseigneur prétend que la grande affection que son propriétaire professe pour lui, l'a rendu communard, tant il craint que la France ne lui reprenne un si bon locataire.

Madame était alitée, avec une forte grippe ; elle ne pouvait recevoir : nous le regrettons d'autant plus que l'excellente princesse, la dernière fois que j'avais eu l'honneur de la voir, avait daigné me faire des reproches de ce que je ne lui avais pas encore présenté ma fille.

A cinq heures et demie, nous revenions à la villa. Nous entrons dans le grand salon : outre M. et Madame de Foresta, leur fils, et M. Joseph de la Bouillerie, nous y trouvons encore M. le comte Joseph du Bourg et M. de Scorailles, qui venaient d'arriver pour prendre leur service auprès de Monseigneur. Quelques minutes après, le Prince nous faisait appeler, et nous étions introduits auprès de lui.

Nous sommes reçus avec cette bonté paternelle dont il a le secret. Je trouve Monseigneur toujours le même; un peu maigri cependant, mais toujours jeune, toujours gai, toujours bon (1). Il m'accueille comme un vieil ami : je lui présente ma fille, et la manière dont il la reçoit, remet à son aise la pauvre enfant naturellement fort intimidée. Monseigneur me parle de la France, de la Nièvre, des ouvriers royalistes dont je m'occupe. Il veut avoir des détails sur chacun d'eux. Les noms de bien des amis fidèles sont rappelés par Monseigneur, qui possède au plus haut degré la mémoire du cœur. Il me parle de la politique, de la nécessité de son retour, de nos espérances; des élections passées et à venir :

« Je ne suis certainement pas opposé à ce que
» mes amis affrontent le suffrage universel, mais la
» joie que me cause leur réussite est toujours mêlée
» d'une certaine appréhension, car on dirait que
» le succès oblitère leur sens moral politique. Rien
» ne me met en colère comme les combinaisons,
» les compromissions, les concessions soi-disant
» habiles de nos amis des Chambres sous prétexte
» d'union conservatrice. Leur habileté jusqu'à pré-
» sent n'a abouti qu'à faire d'eux les dupes des par-
» lementaires, qu'à faire le Seize Mai, pour ne pas
» citer autre chose. Vous étiez ici lorsque M. d'Haus-
» sonville fut nommé au Sénat grace aux voix de
» la droite : Vous souvenez-vous comment je qua-
» lifiai cette concession habile? »

Nous rentrons au salon, et quelques minutes

_____

(1) C'était le 16 mars 1883, deux jours avant le commencement de la Semaine sainte, juste huit jours avant le fameux *coup-de-fouet*. Je suis donc un des derniers Français, sinon le dernier, qui aient eu le bonheur d'être reçus par Monseigneur.

après on venait annoncer le dîner : Monseigneur nous précède dans la salle à manger. Il place ma fille à sa gauche; je suis placé entre M. de Foresta et M. du Bourg : comme toujours, Monseigneur est pétillant de verve et de saillies; on sent qu'il est heureux de nous voir, d'être entouré de Français qui l'aiment. Et comment ne pas l'aimer? Je défie bien tout être ayant un peu de cœur, de quitter Henri V après un quart d'heure de conversation, sans l'aimer profondément : c'est un charmeur.

Il nous parle du voyage que nous faisons en Italie, et nous raconte celui qu'il fit à Jérusalem il y a quelques années : il est heureux de nous voir, comme nous sommes heureux d'être auprès de lui. Il nous parle de Louise Michel, et des troubles qui faisaient trembler Grévy à l'Elysée ; de Gambetta, dont la mort récente occupait encore les esprits.

« Je ne craignais pas Gambetta, nous dit-il, si » j'avais causé une heure avec lui, je suis sûr que » je l'aurais converti ; il avait pour moi un mérite ; » il était franchement canaille ; et même dans la » canaillerie, la franchise doit être appréciée; tandis » que Grévy et ses pareils, et beaucoup d'autres » que je m'abstiens même d'indiquer, sont tout » aussi canailles que Gambetta, et de plus, ils sont » encore doublés d'hypocrites : avec les canailles » hypocrites, il n'y a rien à faire. »

Monseigneur a la bonté de causer avec ma fille. Cet excellent prince possède le don de mettre tout le monde à son aise; quand il parle à quelqu'un, il a le tact merveilleux de mettre la conversation sur un sujet qui puisse faire valoir son interlocuteur.

Le dîner s'achève gaiement; nous rentrons au salon; au bout de quelques minutes, Monseigneur s'assied; il me fait l'honneur de m'inviter à m'asseoir auprès de lui, et de m'entretenir longuement.

Le moment des adieux arrive :

« Adieu, mon cher ami, me dit le Roi, à revoir, » à bientôt, en France, j'espère! Dites bien à mes » amis que je l'espère, que je le désire, que je le » veux, non pas pour moi, car je sais trop les diffi- » cultés qui m'attendent, mais pour la France, et » parce que c'est mon devoir, et que je n'ai jamais » transigé avec mon devoir; et l'adieu que je vous » adresse n'est pas sans être mêlé d'une certaine » tristesse; car, si c'est la volonté de Dieu que je » remonte sur le trône de mes pères, je serai Roi, » alors, c'est-à-dire accablé d'ennuis et de travail, et » et je ne pourrai plus vous recevoir, vous et quel- » ques autres dévoués, avec la même intimité que je » le fais ici : ne serai-je pas obligé de compter avec » la foule des ambitieux, des intrigants, des soi- » disant capables, qui n'auront rien fait pour moi, » qui seront alors plus royalistes que vous, qui me » flatteront et qui m'obséderont; vous, au contraire, » je sais bien que votre dévouement restera toujours » le même, et que vous ne voudrez jamais rien me » demander. »

J'ai été profondément touché de ces affectueuses paroles : n'était-ce pas la manière la plus noble et la plus délicate de reconnaître mes faibles services et de les récompenser?

Monseigneur dit aussi à ma fille un aimable adieu; il la charge de ne pas l'oublier auprès de sa mère :

il lui fait remettre par M. de Foresta son portrait et celui de Madame, puis il se retire dans son appartement.

Nous prîmes congé de M. et de Madame de Foresta, du sympathique comte du Bourg, et quelques heures après, nous reprenions le chemin de Venise.

Plus on voit le comte de Chambord, plus on l'aime et plus on l'admire. — « Il est charmant, me disait ma fille en le quittant; il est charmant; et si tous nos paysans, tous nos ouvriers pouvaient le connaître, ils en seraient fous! »

Fous! oui, c'est bien là le mot propre : ce n'est pas seulement le prince, c'est l'homme, qu'on aime jusqu'à la folie; on ne comprend pas l'aberration d'un peuple qui passe pour avoir du cœur et de l'intelligence, et qui aime mieux être gouverné par l'écume de la canaille, par des gens tarés, véreux, sans foi, sans honneur et sans courage, plutôt que de mettre à sa tête un prince auquel l'histoire pourra justement appliquer un jour l'épithète de Sans Peur et Sans Reproche.

Aujourd'hui (1), pendant que j'écris ces lignes, le noble fils de saint Louis est aux prises avec une douloureuse agonie. Ce roi sans trône a demandé des prières, et de la Flandre aux Pyrénées, la France entière prie en pleurant! Nos crimes seraient-ils donc trop grands pour que Dieu daigne nous exaucer? Il me semble entendre le Roi adresser de son lit de douleur à la France éplorée, ces paroles que le Christ montant au Calvaire adressait aux femmes de Jéru-

---

(1) Ceci était écrit le 20 juillet 1883.

salem : « Ne pleurez pas sur moi, filles de Jérusalem ! mais sur vous et sur vos enfants ! » Oui ; si
nous sommes trop coupables pour que Dieu nous
exauce, ce ne sera pas sur lui que nous devrons
pleurer, car le trône qui lui est réservé dans l'éter-
nité sera bien au-dessus de tous les trônes de la
terre ; mais ce sera sur nous qui n'aurons eu ni la
volonté ni le courage de nous jeter dans les bras
qu'il nous ouvrait, et de le ramener en triomphe
pour rétablir l'ordre social bouleversé par la Révolution ; ce sera sur nos enfants, sur les générations
qui viendront après nous, et qui seront les victimes
de notre égoïsme, de notre lâcheté et de notre indifférence.

IV

PADOUE

Après avoir passé encore une demi-journée à
Venise, nous allons coucher à Padoue : quand nous
y arrivons, la nuit était venue, mais une de ces
nuits claires et lumineuses, comme on n'en voit
qu'en Italie. Nous descendons à l'albergo dei Due
Croce Bianchi, qui nous avait été recommandé par
notre hôte de Bellevue.

Notre hôtel est un ancien palais, d'une architecture orientale; sa façade donne sur la place Saint-
Antoine : nos chambres sont voûtées, avec des arceaux qui ressemblent à ceux du palais des Doges :
elles s'ouvrent sur une superbe loggia, d'où nous
pouvons voir à notre aise, par un magnifique clair
de lune, la vieille basilique de Saint-Antoine (*Il
Santo*, comme on l'appelle à Padoue), avec ses clochetons et ses coupoles qui se détachent admirablement sur le ciel.

Le beau temps nous tente; nous sortons : rien ne
peut donner une idée de cette vieille ville du Moyen

Age, avec ses rues bordées d'arcades, ses monuments gothiques, son calme et son silence à peine troublés par quelques passants qui rasent les murailles, enveloppés de leurs grands manteaux. L'effet que tout cela produit est doublé par le clair de lune; on est tenté de se regarder soi-même comme un anachronisme ambulant : on se demande pourquoi on est vêtu d'une façon si bizarre, qui hurle avec tout ce qui vous environne, et pourquoi on n'a pas un pourpoint, des haut-de-chausses et des souliers à la poulaine. En passant devant les portes sculptées de ces vieux palais, on s'imagine qu'on va voir en sortir une escouade de lansquenets armés de hallebardes, ou bien la litière de quelque noble dame, masquée de velours, regagnant son logis à la lueur des torches portées par ses pages. Volontiers nous aurions passé la nuit dans les rues.

Le lendemain, nous sortons de bonne heure et nous nous dirigeons vers la piazza dei Signori, qui nous avait frappés au clair de lune.

Au centre de cette place, entourée de maisons à arcades, s'élève le palais della Ragione, ou Salone, bel édifice du douzième siècle. Le premier étage est supporté par des piliers énormes, sur lesquels s'appuie une élégante galerie qui fait le tour du palais. Tout l'étage supérieur est occupé par une immense salle, la plus grande de l'Europe, dit-on, dont la voûte est entièrement couverte de peintures allégoriques attribuées à Giotto. Cette belle salle contient aussi divers monuments archéologiques assez curieux, entr'autres le tombeau de Tite-Live.

La place dei Signori sert de marché : le côté ouest se nomme *Piazza dei Erbe*, le côté est, *Piazza dei Frutti*. A côté du Salone, se trouve le palais du Podestat, bel édifice du treizième siècle.

Nous nous mettons à flâner ; la flânerie est si agréable dans ces vieilles villes de bric-à-brac ! Chemin faisant, une porte entr'ouverte nous laisse apercevoir un cloître qui nous paraît curieux. Nous entrons : le cloître donne sur une église ; c'est l'église dei Eremitani. Cloître et église sont remplis de fresques et de peintures remarquables. Tout à côté, et y attenant, est la chapelle de Santa Maria di Arena, où nous voyons de belles fresques de Giotto.

Après nous être quelque peu égarés, et avoir eu recours à l'obligeance d'un brave officier qui nous indique notre chemin en très bon français, nous visitons le Dôme et son baptistère. C'est une belle cathédrale gothique qui contient de superbes peintures. Dans la sacristie, nous remarquons une Madone du Padovanino, et des marqueteries très curieuses. Les fresques du baptistère sont attribuées à Giotto.

L'Université, « *El Bô,* » comme on dit à Padoue, est un monument du quatorzième siècle bien mutilé par les restaurations : son bel escalier, encore à peu près intact, est rempli de plaques commémoratives reproduisant les noms et les armoiries des étudiants et des docteurs qui ont rendu autrefois cette Université si célèbre.

Nous visitons aussi Santa Giustina, église du quatorzième siècle, que le mauvais goût italien est en train d'abimer de la façon la plus grotesque, sous prétexte de la restaurer. (Les Italiens restaurent les monuments antiques à peu près comme Delille a traduit Virgile, ou comme Ducis a traduit Shakespeare, c'est-à-dire en détruisant les beautés de l'œuvre originale.) Les vieilles voûtes ogivales en ruines sont remplacées par des voûtes en plein ceintre et par des plafonds à caissons : à la place des faisceaux de colonnes, on refait de lourds piliers en stuc; on badigeonne le tout! Je ne comprends pas comment les Italiens, qui ont produit de si belles choses au Moyen Age, et même à la Renaissance, au lieu de s'inspirer des traditions et d'imiter les beaux modèles qui leur restent, semblent avoir pris à tâche de commettre des choses aussi horribles quand ils se mêlent de restaurer. — Quels plâtriers que ces Italiens modernes!

On nous fit descendre dans un souterrain pour nous montrer le tombeau de sainte Justine : en remontant par un autre escalier, on nous fit voir une espèce de puits, recouvert d'une grille de filigrane, et à demi rempli d'ossements. Notre cicerone nous dit que ces os étaient des reliques de martyrs, et qu'il ne fallait pas manquer de jeter quelque monnaie sur la grille, soi-disant pour obtenir leur intercession. Singulière manière de vénérer les saints que de leur jeter quelques sous que le sacristain ramasse, sans même leur adresser une prière! C'est peu édifiant, mais en Italie il faut s'attendre à bien des petits froissements de ce genre... En somme, et malgré quelques beautés que les soi-disant restaurations n'ont pas eu le temps de détruire, Sainta

Giustina, loin du centre de la ville et des autres monuments, ne vaut pas la peine qu'on se donne et le temps qu'on perd pour aller la visiter.

Nous traversons le Prato della Valle, grande et belle place ornée de statues modernes, et nous revenons à la grande curiosité de Padoue, la magnifique basilique de Saint-Antoine, « *Il Santo*, le Saint,* » comme disent simplement les bons Padouans.

Il Santo est une immense et magnifique église de style gothique italien, avec de nombreuses réminiscences de l'art byzantin. On sent qu'on est encore là dans le voisinage de Venise, et à Saint-Antoine comme à Saint-Marc, on retrouve un certain cachet oriental. A notre arrivée, Il Santo, vu de nos fenêtres au clair de lune, nous avait fait beaucoup d'impression, et cette impression ne fut en rien diminuée par la lumière du jour. L'intérieur de la basilique est rempli de peintures des maîtres anciens et de sculptures magnifiques. Les bénitiers, les bas-reliefs de la chapelle dont l'autel couvre le tombeau du saint, cet autel lui-même, sont signés de Sansovino, Donatello, Tiziano Aspetto. On y voit aussi plusieurs tombeaux remarquables. Le chœur est entièrement revêtu de bas-reliefs de bronze, par Donatello. La chapelle San Felice est ornée de fresques d'Altichieri et de Jacopo Avanzi.

Les habitants de Padoue ont une grande vénération pour saint Antoine; j'ai remarqué la piété avec laquelle ils prient à son tombeau. En revanche je n'ai jamais pu savoir pourquoi, nous autres Français, nous invoquons le secours de saint Antoine pour

7

nous aider à retrouver les objets perdus. Je me suis enquis des motifs de cette croyance auprès d'un vénérable chanoine de la basilique : il me répondit qu'on ignorait absolument cette particularité à Padoue, et qu'il n'en était fait aucune mention dans la légende du saint. Et cependant, nous avons pu nous convaincre que sa protection est très efficace en pareille occurrence. Ma fille avait perdu son ombrelle à Padoue; nous nous en apercevons en montant en chemin de fer pour aller à Bologne. Je donne au garçon d'hôtel qui nous avait accompagnés à la gare, l'adresse de l'albergo où nous devions descendre à Bologne. Nous quittons Bologne sans nouvelles de l'ombrelle; nous allons à Rome, où, huit jours après, nous recevions l'ombrelle soigneusement emballée et sans la moindre égratignure. Qu'on dise après cela que saint Antoine n'est pas un saint pour de bon !

A côté de l'église, formant retour et communiquant avec elle, se trouve la chapelle San Giorgio, du quatorzième siècle, ornée de magnifiques peintures de Jacopo Avanzi, et entourée d'un beau cloître : puis la Scuola del Santo, appartenant à la confrérie de Saint-Antoine, décorée de belles fresques attribuées au Titien, et dont les sujets sont tirés de l'histoire du saint.

Sur la place formée par la façade de l'église et par celle de la Scuola del Santo, nous remarquons une magnifique statue équestre en bronze du condottiere Gattamelata, par Donatello : c'est certainement un des plus beaux monuments que j'aie vus en ce genre.

Que de choses nous aurions pu voir encore dans
cette vieille cité si curieuse, dont l'apparence est
un peu celle d'un immense cloître. J'aurais bien
voulu lui consacrer un jour de plus; mais le temps
nous pressait; le temps! quel trouble-fête pour les
flâneurs! et puis, ne vaut-il pas mieux quitter ville
et gens avec le sentiment du regret qu'avec celui de
la satiété? Nous pouvons bien affirmer que c'était
avec celui du regret que nous prenions le train qui
allait nous emmener à Bologne.

V

De Padoue à Bologne, nous traversons une plaine
fertile, ce qui ne l'empêche pas, comme toutes les
plaines, d'être assez monotone : nous franchissons
l'Adige, et puis le Pô, qui malgré leurs hautes digues
inondent les terrains environnants, nous passons
Rovigo et Ferrare, et nous arrivons d'assez bonne
heure à Bologne.

Bologne est encore une des villes qui ont le mieux
conservé le cachet du Moyen Age : comme à Padoue,
la plupart des rues sont encore bordées d'arcades, et
les monuments des treizième, quatorzième et quinzième siècles y abondent.

Après nous êtres rapidement installés à l'hôtel
d'Italie, nous nous dirigeons vers la piazza Maggiore,
ou Foro Bolognèse, entourée de monuments du
Moyen Age que nous apercevons de la porte de
l'hôtel. Nous y arrivons par la piazza Nettuno, où
nous admirons une fontaine monumentale en
bronze, surmontée d'une statue colossale de Nep-

tune, due au cizeau de Jean de Bologne. La piazza
Nettuno débouche sur la piazza Maggiore : à droite,
à l'ouest de la place, nous voyons le Palais Public,
dont la belle façade ornée de statues et de riches
sculptures, est surmontée de la Tour de l'Horloge,
qui paraît un peu plus moderne : au fond, du côté
sud, la gigantesque basilique San Petronio, encore
inachevée : à gauche, vis-à-vis du Palais Public, le
Portico dei Banchi, et ses belles arcades, sous lesquelles se trouvent de superbes magasins : du côté
nord, vis-à-vis San Petronio, et formant l'angle de
la piazetta Nettuno, le palais del Podesta, œuvre de
Fioravanti, dont les colonnes torses formant portique sont encore ornées de vieux ferrements curieusement ouvragés qui servaient autrefois à
planter des torches.

A peu de distance de la place, en se dirigeant au
nord-est, on trouve les deux célèbres tours pen-
chées : la torre Asinelli, la plus haute des deux ; et
la torre Gariserda. Ces singuliers édifices ont-ils été
construits comme un défi jeté aux lois de l'équi-
libre, ou bien leur déviation a-t-elle été produite
par quelque affaissement du sol? les avis sont par-
tagés : *archéologi certant ;* et ce n'est pas moi
qui entreprendrai de trancher la question. En
somme, sauf cette singularité et leur ancienneté
incontestable, ces tours n'offrent rien de bien remarquable comme architecture. Combien je préfère
la Loggia dei Mercanti, gracieuse construction
gothique, avec un portique ogival du style le plus
correct, et qui pourrait bien remonter au treizième
siècle.

Il y a encore à Bologne une quantité de palais particuliers du Moyen Age et de la Renaissance, dont quelques-uns sont fort remarquables.

La cathédrale San Pietro n'est pas curieuse : c'est une église construite avec tout le mauvais goût du dix-septième siècle, les peintures qui la décorent m'ont paru assez mauvaises.

San Petronio, ou la Basilique, date du quatorzième siècle : c'est un vaisseau immense, presque aussi grand que le Dôme de Milan, et qui serait même plus grand si la construction en était achevée : l'abside manque encore en entier. La façade est aussi bien loin d'être terminée. Les trois grandes portes sont superbes. Celle du milieu est ornée de sculptures d'un grand mérite, par Jacopo della Quercia, représentant les premiers chapitres de la Genèse. A l'intérieur, et surtout dans les chapelles latérales, il y a d'excellents tableaux. Au milieu de bonnes peintures des trois Carrache, d'Élisabeth Sirani, et d'autres maîtres, j'ai remarqué une très belle vierge de Francia. De belles statues, des ornements de sculpture remarquables, de très beaux vitraux anciens, achèvent de rendre cette église très intéressante. Quel malheur qu'elle ne soit pas terminée ! Le sera-t-elle un jour ? Hélas ! le siècle où nous vivons ne peut guère nous faire espérer que nous ou nos descendants puissions voir jamais ce bel édifice recevoir son couronnement.

Au coin d'une petite place sur laquelle je remarque deux tombeaux gothiques portés sur quatre colonnes, se trouve San Domenico. Cette belle église renferme le tombeau de saint Dominique; aussi intéressant par les pieux souvenirs qui s'y rattachent, que par son mérite artistique. Ce tombeau, œuvre magistrale de Nicolas de Pise, est orné de bas-reliefs en marbre blanc représentant différents actes de la vie du saint. Il sert d'autel à une chapelle magnifiquement sculptée.

San Domenico contient aussi de fort belles peintures, entr'autres une fresque du Guide représentant saint Dominique reçu au Paradis; un remarquable saint Thomas d'Aquin, du Guerchin; et un mariage mystique de sainte Catherine, sujet cher aux vieux peintres italiens, par Lippi. Les stalles du chœur offrent un curieux specimen de l'art de la marqueterie; leurs panneaux sont de véritables tableaux; la sacristie et le cloître renferment aussi des objets d'art d'une grande valeur.

Je me souviens d'avoir été frappé par l'air vénérable et par la distinction des manières du religieux qui nous fit visiter le tombeau de saint Dominique, et d'avoir fait entre ce saint moine et un prêtre que j'avais rencontré dans la rue, une comparaison peu à l'avantage du clergé séculier : nous étions à Bologne le dimanche des Rameaux : je voulais être renseigné sur l'heure des offices. Sachant trop imparfaitement l'italien pour m'en servir couramment, j'avais pensé que le latin devait être familier aux ecclésiastiques, et grâce à cela, à Venise, à Padoue et à Bologne même, avec le R. P. Dominicain dont je viens de parler, j'avais pu suivre d'assez longues conversations. Je rencontre un prêtre dans la rue; je l'accoste, et je lui adresse une question dans un langage que Cicéron lui-même n'eut pas désavoué, en ayant bien soin d'y mettre la prononciation italienne. Hélas! le prêtre susdit ignorait absolument le latin! était-ce un prêtre, un portier de couvent, ou quelque sacristain? C'est ce que je n'ai pas cherché à approfondir.

Nous visitons aussi à Bologne la charmante église San Bartholomeo di porta Ravegnana, près de la tour Asinelli. Peut-être est-elle un peu trop ornée, mais elle est remplie de beaux tableaux des Carrache, du Guide et de l'Albane, que je ne connaissais pas comme peintre religieux, et qui est représenté là par une Annonciation et par une Nativité.

Nous aurions bien voulu aller visiter la Madone de Saint-Luc, église située à cinq kilomètres de la ville, à laquelle elle est reliée par un portique. Nous n'en eûmes pas le temps.

Notre visite à l'Académie des Beaux-Arts nous dédommagea amplement.

Certes, ce musée n'est comparable à celui de Venise ni pour le nombre, ni pour la beauté des tableaux, mais c'est encore une des plus belles galeries de l'Italie. Il y a là quelques toiles vraiment admirables. La Sainte-Cécile de Raphaël est la perle du musée de Bologne. C'est dessiné; c'est peint : il y a de la vie, de la couleur, du sublime! C'est bien là l'œuvre d'un grand maître. Que cela ne ressemble guère aux peintures réalistes et naturalistes qu'on admire tant maintenant dans nos expositions! Je citerai encore quelques ouvrages du Dominiquin, entr'autres une Notre-Dame du Rosaire et un martyre de Saint-Pierre de Vérone, tableaux que Viardot, dans son ouvrage sur les musées d'Italie, qualifie d'amphigouriques. J'avoue, en toute humilité, que je ne partage pas l'opinion de Viardot, et que je trouve ces toiles admirables. Puis, une Madona della Pieta, du Guide, entourée des saints protecteurs de Bologne; une Assomption d'Augustin Carrache; une Annonciation d'Annibal Carrache; une Transfiguration de Louis Carrache, et quelques anciennes peintures du Moyen Age, sont les tableaux qui m'ont le plus frappé.

Le temps nous poussait; nous étions au lundi de la Semaine sainte, et nous voulions passer à Rome les jours de prière et de pénitence; nous nous mettons donc en route, nous décidant à brûler Florence, et à ne la visiter qu'au retour.

De Bologne à Pistoie, la route est très pittoresque : le chemin de fer gravit la pente de l'Apennin par la vallée du Reno qu'il traverse plusieurs fois. On passe sous de nombreux tunnels. On aperçoit Poretta, jolie petite ville d'eaux; Pracchia, où on arrive par une pente assez rapide; puis, après avoir passé le tunnel de Pitecchio, on redescend par la vallée de l'Ombrone jusqu'à Pistoie. A tous les lacets décrits par la voie ferrée, on a des points de vue superbes. L'Appennin a ses beautés particulières, mais il est loin de valoir les Pyrénées et les Alpes.

Il existe sur les chemins de fer de la Haute-Italie un usage assez commode pour les voyageurs. A presque toutes les stations, on apporte aux portières des wagons du pain, des tranches de viande froide, des fruits et du vin plus ou moins potable, mais logé dans de charmantes petites bouteilles recouvertes d'une sorte de filigrane de paille artistement tressée. C'est de cette façon que nous avons dîné entre Bologne et Pistoie. — Une fois qu'on est entré dans le réseau des chemins de fer Romains, non-seulement on ne vous apporte plus rien, mais il semble qu'on prenne à tâche de vous rendre le voyage désagréable : wagons détestables, employés malhonnêtes et grincheux, vitesse comparable à celle d'un fiacre, tout y est réuni. On dit que les chemins de fer Romains appartiennent à une compagnie française. Que je reconnais bien là les juifs et les financiers orléano-républicains qui exploitent notre pauvre patrie ! et comme cela doit contribuer à augmenter notre prestige aux yeux des étrangers! Autant sur les réseaux de la Haute-Italie et du Sud-Autriche on trouve de confortable, autant le réseau Romain en est absolument dépourvu. C'est à Florence qu'on entre dans le domaine de cette désagréable compagnie.

Pendant que je suis sur ce sujet, je veux encore réfuter une erreur très répandue en France : on prétend qu'en Italie, les wagons de deuxième classe valent mieux que ceux de première chez nous. Cela peut s'admettre jusqu'à un certain point sur la grande ligne de Turin à Trieste ; mais partout ailleurs, il n'en est rien. Il semble, au contraire, et particulièrement sur le réseau Romain, qu'on ait pris le rebut de nos wagons de troisième, pour en faire des voitures de deuxième classe. De plus, la société qu'on y trouve est loin de valoir celle qu'on rencontre sur nos lignes de la France centrale. Chez nous, elle a du moins l'avantage d'être mélangée, tandis qu'en Italie, elle n'est pas mélangée du tout.

Ajoutez, qu'à couche sociale égale, les Italiens sont beaucoup plus mal élevés que nos compatriotes, et maintenant jugez !

De Pistoie à Florence nous n'avons pu nous faire une idée du pays, la nuit était trop obscure. A Florence, nous changeons de voiture, et après une heure d'attente, nous continuons sur Rome.

Hélas ! aux désagréments d'une mauvaise installation vient se joindre celui d'être au complet, archi-complet ! beaucoup de monde revenait de Livourne où on avait lancé le fameux « Lepanto » ; et les employés vous entasseraient douze personnes dans un compartiment plutôt que d'ajouter un seul wagon. Nous passons donc une mauvaise nuit, dérangés à chaque instant par les gens qui montent et qui descendent. Il n'y a rien de désagréable en route comme les Italiens ; criant, gesticulant, mangeant, fumant, bruyants, remuants et odorants !

Enfin, au point du jour, notre compartiment se vide ; nous approchons : nous entrons dans la campagne romaine : voici paraître à l'horizon les monts Albains ; voilà le Tibre ; voilà Monte-Rotondo. Voilà les ruines des aqueducs romains ; voilà l'enceinte fortifiée de la ville des Césars, de la capitale du monde chrétien ! Nous arrivons ; et au bout de quelques secondes, les employés viennent crier aux portières ce nom qui retentit à nos oreilles comme un mot magique : « Rome ! Rome ! »

VI

ROME

Des Catacombes au Vatican.

On prétend que la première impression ressentie par tout étranger en arrivant à Rome, est celle d'une formidable déception : j'avoue humblement que comme le commun des mortels, et peut-être plus que beaucoup d'autres, j'ai éprouvé ce sentiment.

Dès l'enfance, notre esprit s'est forgé sur Rome une foule d'illusions. Nous apprenions à écrire la langue de Virgile avant de savoir parler la nôtre. Nous savions que, grâce aux oies du Capitole, Manlius avait sauvé Rome, avant de nous douter que Philippe-Auguste avait sauvé la monarchie française à Bouvines. Nous avons, pour ainsi dire, été bercés avec l'histoire de la ville aux sept collines, avec les noms de ses grands hommes, de ses consuls et de ses empereurs. Plus tard, aux pieuses légendes de Rome chrétienne et de ses martyrs, sont venus s'ajouter

les récits des magnificences de la ville de Léon X et
de Michel-Ange. Nous voudrions voir encore debout
tous les souvenirs du passé, et nous avons de la
peine à retrouver leurs vestiges! Nous ne nous figu-
rons pas que la Rome actuelle est séparée de la
Rome de nos souvenirs par les décombres de quinze
siècles! Voilà, je crois, la cause du désappointe-
ment qu'on éprouve en arrivant à Rome.

En sortant de la gare, nous débarquons dans un
quartier moderne, avec des omnibus et des fiacres,
avec des maisons peinturlurées ornées de volets
verts. Nous voyons bien à droite les ruines imposantes des Thermes de Dioclétien, mais ces ruines
sont occupées par une auberge de vingtième ordre,
par la boutique d'un maréchal-ferrant et par un
séchoir de blanchisseuse. Pour arriver au centre de
la ville, on traverse un quartier neuf, qui est bien
loin de valoir les nouveaux quartiers de Paris : si on
quitte ces nouvelles voies pour entrer dans les quartiers plus anciens, on s'engage dans de petites rues
noires, puantes, suant la misère et la malpropreté.
Rien de pittoresque; pas une belle façade d'église,
pas un monument ancien; rien, que des maisons
enfumées, une population morose et refrognée, qui
s'en va lentement, rasant les murailles; on dirait
que ce peuple sombre fuit la lumière et le soleil :
ajoutez à cela la pluie, la crotte, un de ces temps
tristes qui pénètrent l'âme, et vous jugerez de mes
dispositions en arrivant à Rome! Oui, je l'avoue à
ma honte, c'est avec un sentiment de profonde
tristesse que, le matin du mardi de la Semaine
sainte, je débarquais au fameux hôtel de la Minerve.

Là, encore une déception : on m'avait dit qu'il fallait descendre à la Minerve; que c'était là que logeaient les Français et les Catholiques..... L'hôtel n'était pas très confortable, mais on pouvait s'en arranger quand même... Ce qu'on ne m'avait pas dit, c'est que ce peu de confortable pouvait se traduire par une saleté dégoûtante; que la nourriture était exécrable; que le maître d'hôtel s'occupait un peu moins de ses hôtes que vous et moi; que ses employés étaient rogues, malhonnêtes et peu scrupuleux; et qu'en outre, les prix étaient exorbitants. Nous nous installons cependant dans le taudis où on nous fourre, mais avec la ferme intention de chercher dans la journée un autre gîte, et non sans pester contre les Français et les Catholiques assez dindons pour se laisser plumer et écorcher sans crier, et assez patients pour supporter une tenue de maison pareille.

Ayant très grand faim et d'assez méchante humeur, nous descendons dans la salle à manger. En y entrant je tombe dans les bras d'un de mes meilleurs amis, le marquis Albert de Costa, l'auteur d'*Un Homme d'autrefois*. Vous le connaissez aussi, mon vieil ami, je n'ai donc pas besoin de vous peindre ma joie. Je savais qu'il était en Italie; j'espérais bien le trouver dans quelque coin de Rome; mais je ne m'attendais pas à ce que le jour de mon arrivée, avant même d'avoir mis le pied dehors, le premier visage de connaissance que je rencontre fut le sien. Il nous précédait de quelques jours : comme nous, il avait passé par Goritz où on m'avait parlé de lui; il suivait le même itinéraire que nous; sa femme et sa fille l'accompagnaient. Les pères s'aimant beaucoup, il était naturel qu'ils fussent imités par leurs enfants, et la journée n'était pas terminée que nos filles, qui se convenaient d'ailleurs sous tous les rapports, étaient déjà d'excellentes amies. Nous résolûmes donc d'associer nos destinées et de visiter ensemble Rome, Naples, et leurs environs.

« *L'amitié d'un grand homme est un bienfait des dieux,* » dit un de nos grands poètes : moi, je laisse à la postérité le soin de couler mon ami en bronze, (ne pensez-vous pas qu'elle pourrait plus mal faire?) et je me contente de modifier pour mon usage le vers de Corneille, et de dire : « l'amitié d'un brave homme est un bienfait de Dieu, » qui a placé cet ami sur notre chemin, et qui nous a donné l'intelligence et le cœur pour le comprendre et pour l'aimer.

Les Costa s'étaient logés à la Minerve, et n'y étaient guère mieux installés que nous. Leur société valait bien un logis plus confortable : il ne fut donc plus question pour nous de quitter l'hôtel, où nous rencontrons aussi plusieurs compatriotes.

Ce jour-là même, nos amis devaient aller visiter les Catacombes, sous la conduite d'un guide comme on n'a pas toujours le bonheur d'en rencontrer. Costa avait connu autrefois Mgr Guttlin, ecclésiastique alsacien, d'une haute érudition, et aussi aimable que savant. Mgr Guttlin, canoniste à l'ambassade française, consacre les loisirs que lui laissent ses fonctions et ses devoirs de prêtre, à l'étude de l'archéologie chrétienne. Il connaît sur le bout du doigt ses Catacombes et toutes les légendes qui s'y rattachent. De plus, son double titre d'ecclésiastique et de savant lui ouvre toutes les portes, même celles des endroits où le public ne pénètre pas, et lui donne une certaine autorité sur les gardiens et sur les guides. C'était lui qui devait conduire nos amis aux Catacombes. On ne pouvait trouver un cicerone plus éclairé, plus aimable et plus intéressant. Nous acceptons donc avec empressement l'offre d'être de la partie, et au débotté, avant même d'avoir retiré nos bagages de la gare, nous voilà en route pour les Catacombes.

Nous passons auprès des restes du théâtre de Marcellus, et nous allons gagner la rive du Tibre auprès du temple de Vesta, petit édifice circulaire, qui avec son toit, ou plutôt son couvercle, supporté par des colonnes cannelées, fait tout à fait l'effet d'un énorme presse-papier. Nous tournons à gauche, et nous suivons la via dei Cecchi. Nous passons au-dessous de grandes ruines : c'est le Palatin. Cette colline à notre droite, c'est le mont Aventin. Nous laissons à droite la pyramide de Sestius ; et à gauche le tombeau des Scipions, qui n'a plus de remarquable que le nom et les souvenirs qui s'y rattachent. Nous sortons de l'enceinte de Rome par la porte Saint-Sébastien, et nous suivons la voie Appienne.

Que de souvenirs évoqués dans les deux kilomètres qui séparent les murs de Rome des Catacombes de Saint-Calixte ! Les Scipions, les Gracques, Cicéron, les Césars, tous ces noms, qui dans mon enfance étaient pour moi des épouvantails, à cause des pensums fréquents qu'ils m'attiraient, retentissent aujourd'hui agréablement à mon oreille, et il me semble que je vais entendre la voix de mon professeur de quatrième, nous dictant une version tirée de Tite-Live ou des lettres de Cicéron.

Un souvenir tout chrétien vient nous arracher à ces rêves du paganisme classique : c'est la petite église Domine quo vadis ! « Domine quo vadis ? — Où allez-vous, Seigneur ? » C'est par ces mots que saint Pierre fuyant la persécution, et sortant de Rome pour échapper au martyre, saluait le Christ qui s'offrait soudainement à sa vue. « Où je vais ? lui répond Notre-Seigneur, je vais à Rome pour y être de nouveau crucifié, puisque tu ne veux pas l'être à ma place. »

Saint Pierre comprit : il retourne sur ses pas, revient au milieu de son troupeau, dont la foi et le courage auraient pu être ébranlés par sa fuite, et peu de temps après, reçoit les glorieuses palmes du martyre. C'est à l'endroit où Saint Pierre fut arrêté par l'apparition du Sauveur, que s'élève l'église dont je viens de parler.

Nous arrivons à la petite basilique de Saint-Sébastien, à l'entrée des Catacombes de Saint-Calixte. Les gardiens du cimetière chrétien viennent respectueusement baiser la main de l'abbé Guttlin ; ils nous donnent à chacun une longue et mince bougie : nous descendons un escalier rapide ; nous arrivons à un palier ; nous allumons nos bougies, nous descendons encore, et nous voici, bien avant sous la terre, au milieu des Catacombes.

Notre savant cicerone nous fait remarquer les inscriptions, nous montre la disposition des tom-

9

beaux creusés dans les parois de la galerie, séparés
les uns des autres par une mince couche de tuf, et
fermés par une dalle de marbre ou de terre cuite :
il nous indique à quels signes on reconnaît les sépultures chrétiennes et quelles marques distinguent
celles des martyrs. Les funèbres galeries, lambris-
sées de tombeaux superposés comme des tiroirs, se
croisent en tout sens. Quelquefois on arrive tout à
coup à une chambre d'une certaine grandeur ; souvent deux de ces chambres communiquent entre
elles : ce sont des chapelles ; c'est là que les premiers chrétiens célébraient les Saints Mystères pendant les temps de persécution. L'autel est toujours
élevé sur la tombe d'un martyr. Ces chapelles sont
souvent ornées de peintures symboliques dont quelques-unes ne sont pas sans mérite. L'âme chrétienne
y est symbolisée de diverses manières, le plus souvent par une colombe ; on y voit divers ornements ;
des feuillages, des poissons, dont le nom grec IXΘΥΣ,
dans sa composition, offre les premières lettres de
ces mots : Ἰησοῦς Χριστὸς Θεοῦ Υἱὸς Σωτήρ. (*Jésus-
Christ fils de Dieu Sauveur.*) Le monogramme
du Christ, inscrit dans un cercle, est souvent ré-
pété : quelquefois, ce sont des sujets tirés de la vie
de Notre-Seigneur, le baptême entr'autres. Les
inscriptions des pierres qui ferment les tombes sont
souvent en grec, langue fréquemment employée à
cette époque. Du reste, inscriptions et peintures
sont d'autant plus belles qu'elles sont plus anciennes;
la décadence commence à se faire sentir, aux Catacombes comme ailleurs, à la fin du deuxième siècle
de notre ère. Nous voyons la chapelle Saint-Calixte :

tout à côté est celle où le pape saint Damase voulut être enterré. Nous descendons un étage, puis un autre, puis enfin un troisième : toujours les mêmes tombes, les mêmes symboles. Le cimetière Saint-Calixte est un des plus connus parmi ceux qui entourent Rome; je n'entreprendrai pas d'en faire une description complète.

On a beaucoup écrit sur les Catacombes. Les savants et les chercheurs trouvent là une ample moisson à récolter. M. de Rossi, le savant archéologue dont je parlerai plus loin, est un des Christophe Colomb de ces cimetières chrétiens. Il est un de ceux qui ont le plus contribué à éclaircir bien des points obscurs dans la légende de ces tombeaux, et à changer en certitude bien des questions douteuses.

L'abbé Guttlin nous ménageait une surprise : après notre visite au cimetière Saint-Calixte, il nous conduisit à celui de Flavia Domitilla, ou de Sainte-Pétronille, absolument fermé au public et inconnu du commun des mortels.

Il y a quelques années, un effondrement se produisit dans un champ. On fouilla, et on retrouva les restes admirablement conservés d'une basilique chrétienne (Sainte-Pétronille). Un escalier souterrain conduisait de cette basilique dans des catacombes. Une inscription, dont M. de Rossi finit par rassembler les fragments, fit connaître que là était la sépulture de Flavia Domitilla, proche parente de Domitien, qui avait embrassé le christianisme. Ces catacombes étaient à moitié comblées. M. de Rossi voulait y faire des fouilles; seulement le propriétaire du terrain y mettait je ne sais quel obstacle.

Un beau jour M. de Rossi reçut de Mgr de Mérode l'acte d'acquisition bien en règle des champs qui recouvraient tous ces trésors, et put se livrer sans entraves à ses savantes recherches.

Outre le mérite d'être presque inédites, ces catacombes ont encore celui d'être bien mieux conservées que celles qui sont découvertes depuis longtemps. Les Anglais n'ont pas inscrit leurs noms sur les pierres; le contact de l'air n'a pas encore altéré la fraîcheur des peintures; les tombeaux n'ont pas été ouverts. Les ouvriers, plus habiles et mieux dirigés, ne brisent jamais d'un malencontreux coup de pioche, les dalles qui ferment les sépultures. Tout ce qu'on y trouve, sculptures, inscriptions, lampes funéraires, fioles contenant le sang des martyrs, est resté à sa place, et bien intact. C'est un curieux musée chrétien, que n'a pas encore défloré le frottement populaire. Nous avons pu assister aux travaux des fouilles que M. de Rossi fait exécuter tous les jours.

Que de martyrs oubliés ont été déposés dans les Catacombes? Que de saints inconnus y dorment en attendant la résurrection! Leur couronne en est-elle moins belle pour n'avoir pas les honneurs du culte, et la gloire qui les entoure là-haut ne compense-t-elle pas leur obscurité d'ici-bas?

On a discuté beaucoup sur les Catacombes; on a nié leur caractère chrétien; on a plaisanté sur les reliques qui en ont été tirées pour être offertes dans nos églises à la vénération des fidèles. Les ouvrages de M. de Rossi, de Mgr Gerbet, et de bien d'autres savants auteurs, ont fait justice de toutes ces insinuations du scepticisme : elles n'ont rien qui doive nous étonner : n'avons-nous pas vu un écrivain de talent (1) écrire une *Vie de Jésus*, pour nier la divinité du Christ, et pour prouver qu'il n'était qu'un homme comme nous.

Après une visite aux Catacombes, on commence à se réconcilier avec Rome. On sort de là tout ému, rempli d'une admiration profonde, l'âme plus élevée, plus courageux, plus affermi dans sa foi, meilleur en un mot qu'on n'y était entré : serait-ce une grâce due aux saints martyrs?

Seulement, il faudrait toujours avoir un guide aussi savant, aussi éclairé, connaissant aussi bien les Catacombes et les actes des martyrs que Mgr Guttlin, et ce bonheur ne peut être donné à tous ceux qui vont visiter les tombeaux des premiers chrétiens.

Dans notre course souterraine, nous avions fait beaucoup de chemin sans nous en apercevoir. Nous revenons au jour bien loin de l'endroit où nous étions entrés : nos voitures nous attendaient, et l'excellent abbé Guttlin, pour terminer cette bonne journée, nous ramène à Rome en passant par Saint-Paul hors les murs.

Chemin faisant, il nous montre Albano, les montagnes de la Sabine, que nous voyons distinctement du plateau où nous sommes. C'est de là qu'il faut voir Rome, entourée de cette campagne d'une si poétique mélancolie, parsemée de ruines gigantesques, avec ces grands troupeaux, ces pâtres à cheval

(1) Renan.

drapés dans leurs manteaux. Est-ce beau ? est-ce
laid ? Cela dépend de la disposition de l'âme, de
l'impression du moment ; de l'ombre d'un nuage ou
d'un rayon de soleil ! En tout cas, la campagne romaine ne ressemble à rien de ce qu'on voit ordinairement : c'est un paysage d'une majesté tranquille
et silencieuse ; c'est bien le cadre qu'il fallait à la
Ville Éternelle.

Saint-Paul hors les murs est une construction, ou
plutôt une reconstruction récente, et encore inachevée. Il paraît qu'on a voulu reproduire dans ce
temple le type de la Basilique chrétienne primitive.
Eh bien, malgré tous les marbres, toutes les mosaïques, tout l'or, tous les ornements, prodigués à l'intérieur, je ne puis dire qu'une chose : c'est laid. On
me traitera si l'on veut d'hérétique, de barbare et
de Visigoth, je répéterai encore : c'est très laid.
Cela ressemble à un établissement d'eaux minérales
(celui de Luchon, par exemple). Enlevez les autels
et les objets nécessaires au culte, et vous serez fort
embarrassé de décider si c'est une église, un casino,
ou une salle à manger de grand hôtel. Il paraît que
que les Italiens trouvent cela superbe ; tant pis pour
eux. Mais pour nous, hommes du Nord, habitués à
trouver dans les dentelles de pierre, dans les voûtes
en ogive de nos vieilles cathédrales, un symbolisme
mystique qui nous invite au recueillement et à la
prière, et qui transporte notre âme dans des régions
plus élevées ; pour nous qui cherchons dans nos
temples des beautés d'un autre ordre ; nous ne nous
habituerons jamais à ces églises avec leurs colonnes
cylindriques, leurs piliers cubiques, leurs portes

carrées, leurs fenêtres à vasistas, leurs plafonds à
caissons, et leur badigeon de crème à la vanille !
Nous comprenons tout autrement l'architecture religieuse. Pour moi, ce n'est pas là la maison de Dieu ;
ce n'est pas là la maison de la prière.

Nous rentrons dans Rome par le même chemin :
en traversant la ville, je fus frappé par une singulière aberration de la dévotion italienne. C'était le
jour de la fête de saint Joseph. A l'angle d'une rue,
nous voyons l'image de saint Joseph, ornée de fleurs
et de rubans, entourée d'un cadre de verdure.
Savez-vous bien quel singulier compagnon, quel
autre Joseph, on avait associé aux honneurs rendus
au grand saint? Dans le même cadre fleuri, partici-
pant au même culte, recevant les mêmes hom-
mages que le père adoptif du Sauveur du monde,
se trouvait le portrait de Giuseppe Garibaldi !!!

J'apportais à Rome plusieurs lettres de recommandation. Je désirais avoir une audience du Saint-
Père, et c'est assez long à obtenir. Je me mis donc
en route pour aller voir les personnes auxquelles
j'étais recommandé.

Ma première visite fut pour le P. Brichet, directeur du Séminaire Français. Je lui étais adressé
par Mgr l'Evêque de Nevers.

Je fus reçu de la manière la plus gracieuse par le
P. Brichet, prêtre d'un certain âge, d'une profonde
érudition, et ayant les manières distinguées d'un
homme du meilleur monde. Le bon Père est aimé
et vénéré de tous ceux qui le connaissent. On dit
qu'il n'est pas sans avoir une certaine influence à la
cour du Vatican. Il voulut bien me donner un mot

pour l'abbé Ludgioni, secrétaire de Mgr Macchi, *Maëstro di camera,* ou chef de cabinet du Saint-Père. Ce moyen d'obtenir une audience était plus sûr et plus rapide que celui de faire passer ma demande par les bureaux des ambassades. A Rome, du reste, tout demande beaucoup de temps : il semble que le temps y soit compté pour rien. On voit bien qu'on est dans la Ville Éternelle !

Un de mes amis, le comte Ch. de Falaiseau, ancien officier aux Zouaves Pontificaux, m'avait aussi recommandé à plusieurs personnes, entr'autres, à l'abbé Vialley, chapelain de Saint-Louis des Français. Introduit au parloir de Saint-Louis, je me trouve en présence d'un prêtre d'une forte corpulence, qui me reçoit fort bien. Il me semblait qu'il ne m'était pas inconnu ; lui aussi, me regardait avec attention. Bref, nous finissons par nous reconnaître. L'abbé Vialley n'avait pas toujours porté la soutane : il avait été adjudant-major à la légion d'Antibes (42ᵉ de marche,) et avait fait avec nous la campagne de l'Est. Nous nous étions rencontrés quelquefois, et durant l'internement en Suisse, la petite ville de Baden avait été, comme à nous, assignée pour résidence aux officiers du 42ᵉ. C'était là que nous nous étions connus. Nous sommes heureux l'un et l'autre de retrouver un vieux camarade, et l'excellent abbé fut pour nous d'un grand secours pendant notre séjour à Rome.

Après la guerre, le capitaine Vialley avait été condamné au repos par ses blessures. Une fois guéri, ses idées politiques et religieuses l'avaient déterminé à aller rejoindre Don Carlos pour faire le coup de feu

:ontre les républicains d'Espagne. Puis, las, désillu-
;ionné, dégoûté par le résultat de cette malheureuse
;ampagne, il avait troqué son épée contre un bré-
viaire ; et voilà comment je retrouvais notre brillant
;amarade de 70-71, sous la soutane du prêtre.

Je ne connais en France rien d'aussi français que
Saint-Louis de Rome. Cette église, élevée dans la
ville des Papes par la munificence de nos rois, porte
encore fièrement à son fronton les trois lys de
France. Sur le pilier le plus rapproché de l'entrée,
on lit : « *Cinquante jours d'indulgence pour ceux
qui prieront pour le Roy très chrétien.* » Il n'y a
pas une de ses dalles qui ne recouvre la dépouille
mortelle d'un Français : elle est desservie par des
prêtres français ; on y prêche en français, les offices
s'y font comme en France. C'est un coin de la France
au milieu de Rome ! Ce qui m'étonne, c'est que nos
francs-maçons et nos crocheteurs de couvent n'aient
pas encore trouvé le moyen de s'emparer des dota-
tions et des fondations qui entretiennent Saint-Louis
et les autres œuvres françaises à Rome, et que nos
briseurs de croix supportent cette église à façade
fleurdelisée où on gagne des indulgences en priant
pour le roi et pour la France !

M. de Falaiseau m'avait aussi donné une lettre
pour il signor Gaëtano Paolucci. Gaëtano est un
simple marchand de chapelets, mais il a une véritable puissance à Rome. Il y a quelques années, vi-
vait dans la rue Santa Chiara, une digne femme
vendant des objets de piété, et qui était, en quelque
sorte, la mère de tous les jeunes zouaves pontificaux. C'était la signora Rosa Mercurelli, sœur de Mgr

Mercurelli, qui remplissait auprès de Pie IX les fonctions que Mgr Macchi occupe maintenant auprès de Léon XIII. Par son frère, la signora Rosa était donc en position d'obtenir beaucoup de choses au Vatican. Elle avait un neveu, Gaëtano Paolucci, qui lui succéda dans son commerce et aussi dans son influence. De plus, la maison où demeure Gaëtano appartient à la famille Pecci. Sous le règne de Pie IX, avant que le cardinal Pecci ne fut élevé au trône pontifical, d'excellents rapports existaient entre le locataire et les propriétaires. Un frère du cardinal avait une fille qui fut fiancée à Gaëtano. On fit Gaëtano commandeur, pour que, sans déroger, la nièce d'un prince de l'Eglise put en faire son mari : tout était arrangé, l'époque du mariage était fixée. Mais Pie IX vint à mourir ; le cardinal Pecci devint Léon XIII, et Gaëtano, tout commandeur qu'il était, ne parut plus suffisant pour être le neveu du Pape. La signorina Pecci épousa un comte romain, et Gaëtano trouva une autre femme. A quoi tiennent les destinées ! Si Pie IX était mort deux mois plus tard, Gaëtano serait aujourd'hui comte romain, et neveu du Saint-Père ! Il a eu le bon esprit de continuer son commerce, et de ne pas tirer vanité de son titre de commandeur. Il est d'une obligeance sans pareille, et par ses relations, il possède au Vatican une influence énorme. A Rome, il faut des permissions spéciales pour aller n'importe où, et beaucoup de diplomatie pour les obtenir. Gaëtano se charge de vous les procurer ; grâce à lui, on évite bien des heures ennuyeuses à passer dans les antichambres. Cette influence s'étend même en dehors du Vatican :

ainsi, je lui disais un jour que nous étions horrible-
ment logés à la Minerve : il alla lui-même voir le
maitre d'hôtel, et le lendemain, au lieu de l'affreux
placard où on nous avait d'abord casernés, on nous
donna des chambres plus convenables, ce que nos
réclamations n'avaient jamais pu obtenir.

Après ces visites, j'allai au Vatican pour demander
une audience. Grâce à la recommandation du Père
Brichet, je ne fis pas trop antichambre, et l'abbé
Ludgioni me promit qu'aussitôt que le Saint-Père
daignerait recevoir quelques fidèles, je serais du
nombre des élus. Malgré ces belles promesses, il
me fallut, aller deux ou trois fois importuner le
secrétaire de Mgr Macchi, et lui rafraîchir la mémoire. Sans importunité on n'obtient rien à Rome.
Il faut absolument fatiguer les gens pour qu'ils se
décident à vous accorder une demande. Il faut les
obliger à se débarrasser d'un solliciteur trop per-
sistant.

J'avais aussi une lettre pour le colonel de Courten,
commandant de la Garde suisse. Mais le brave colonel avait quitté Rome le jour même où nous y
arrivions, rappelé dans le Valais par une maladie
de sa mère. J'ai regretté profondément de n'avoir
pu faire la connaissance d'un homme que tout le
monde s'accorde à trouver sympathique au plus
haut degré.

Je ne connaissais les Gardes suisses que par les
gravures des journaux illustrés qui reproduisent
quelquefois les cérémonies pontificales. Je m'attendais un peu à trouver des soldats de théâtre,
bizarrement accoutrés. Je puis dire que de ma vie

je n'ai vu une aussi belle troupe. Hommes superbes,
magnifiques de tenue, disciplinés, manœuvrant admirablement, servant avec une ponctualité qui ne
manque à aucun détail, les Gardes suisses sont tout
ce qu'il y a de plus militaire. C'est bien là la garde
d'honneur d'un grand souverain, et un officier peut
être fier de commander à de tels hommes.

Pendant que je faisais toutes ces courses, nos amis
s'étaient chargés de ma fille, et l'avaient emmenée
visiter le château Saint-Ange. Pour moi, je n'ai pu
voir que l'extérieur de ce curieux monument, jadis
tombeau de l'empereur Adrien, depuis forteresse
des Papes, et maintenant caserne italienne. La statue de saint Michel surmonte cette masse de pierre.
Cette statue fut érigée pour marquer la fin d'une
peste qui avait ravagé Rome au Moyen Age. L'ar-
change, ministre de la justice divine, est représenté
remettant au fourreau son épée flamboyante. Que
les Romains y prennent garde; le terrible glaive
n'est qu'à moitié rentré, et les crimes qui avaient
autrefois attiré la vengeance de Dieu, n'étaient peut-
être pas plus grands que ceux qui se commettent
aujourd'hui dans Rome !

Je rejoins nos amis à Saint-Pierre. Il faut voir
Saint-Pierre plusieurs fois pour pouvoir le comprendre, l'admirer comme il le mérite. A première
vue on ne juge pas bien cette gigantesque basilique,
et on ne se rend pas compte de la grandeur de ses
proportions. Petit à petit, l'œil s'y habitue : ce qui
paraissait de taille ordinaire semble grandir graduellement, jusqu'à ce que la vue se soit accoutu-
mée à cette immensité. Il faut voir une foule dans

la grande nef de Saint-Pierre pour pouvoir établir une comparaison. Les petits anges qui supportent les bénitiers ont deux fois la taille d'un homme de haute stature, et tout le reste est à l'avenant. La proportion est si bien observée en tout, qu'on perd momentanément le sens de la dimension. Il suffirait pourtant de se regarder soi-même pour voir du premier coup combien on est petit au milieu de cette architecture colossale : mais, orgueilleuses créatures que nous sommes, nous ne nous prenons jamais comme terme de comparaison, que quand la comparaison peut être flatteuse pour nous !

Saint-Pierre est d'une richesse inouïe : marbres, statues, mosaïques, tout y est. Je n'entreprendrai pas d'en faire une description minutieuse et détaillée.

Tout autour de l'église règne une frise où est inscrite en lettres colossales la célèbre devise de la métropole du monde chrétien : « *Tu es Petrus.* » Au fond de l'abside, une chaire monumentale en bronze et or contient le siége de saint Pierre : le Pape seul a le droit d'y monter. Sous le maître-autel se trouve la Confession, où reposent les corps de saint Pierre et de saint Paul. C'est un caveau dont l'entrée est entourée d'une balustrade de marbre autour de laquelle brûlent perpétuellement des lampes d'or. Le Pape seul y célèbre le Saint-Sacrifice. Le maître-autel est surmonté d'un ciborium soutenu par quatre colonnes torses en bronze doré, d'une prodigieuse élévation.

Les voûtes des nefs et du transept, la coupole immense, sont supportées par d'énormes piliers auxquels sont adossés les tombeaux des Papes. Les plus remarquables sont ceux de Pie VII par Thorswaldsden; de Léon XI, par l'Algarde; de Clément XIII, dont deux beaux lions sculptés par Canova, semblent garder l'entrée; de Sixte IV, tout en bronze. Outre ceux des Papes, Saint-Pierre contient aussi d'autres tombeaux, entr'autres ceux de la fameuse comtesse Mathilde, de Christine de Suède, et des derniers Stuarts. Auprès des Papes, la cathédrale de la chrétienté a donné asile aux restes des rois chassés et dépossédés de leurs trônes, comme pour protester de toute la force de l'infaillibilité de l'Église contre les doctrines du libéralisme révolutionnaire, dont lui-même, le successeur de saint Pierre est aujourd'hui la victime?

Dans la grande nef, contre un des piliers de droite, se trouve la fameuse statue de saint-Pierre, dont l'orteil est usé par les baisers des fidèles. Cette statue de bronze, est, dit-on, la plus ancienne statue chrétienne qui existe.

Parmi toutes les œuvres de la statuaire dont Saint-Pierre est si richement doté, et que je suis loin d'admirer toutes, celle qui m'a le plus frappé, est la célèbre Pieta, de Michel-Ange : la Vierge tient son Fils mort sur ses genoux. On a beau ne pas être grand connaisseur; quand on passe devant ce groupe, on s'arrête instinctivement : on sent qu'on est devant un chef-d'œuvre.

Sauf de belles fresques de Lanfranc, et un très petit nombre de peintures, il n'y a pas de tableaux à Saint-Pierre, mais la plupart des belles toiles du Vatican et des églises de Rome y sont reproduites en mosaïque. Ces mosaïques atteignent une telle perfection, qu'il faut les regarder de bien près pour voir que ce ne sont pas des tableaux. Elles sont si belles, que je me suis demandé souvent lequel méritait le plus d'éloges, du peintre de génie qui avait conçu et exécuté le tableau original, ou de l'artiste assez habile pour imiter aussi parfaitement ces chefs-d'œuvre avec de petits morceaux de pierres? Le Saint-Michel du Guide, la Sainte-Pétronille du Guerchin, la Communion de saint Jérôme du Dominiquin, la Vierge de Foligno de Raphaël, sont là, avec les mêmes dimensions et les mêmes couleurs ; et les reproductions de ces magnifiques peintures sont à l'épreuve de l'humidité et de tous les accidents de température : elles dureront autant que la vaste basilique.

Le Bernin est un des artistes qui ont le plus contribué à orner Saint-Pierre. J'avoue que je n'ai aucune admiration pour ses ouvrages. C'est prétentieux, c'est cherché. Cette manière affectée paraît plus ridicule encore quand elle est appliquée au colossal. A mon avis, le Bernin n'aurait jamais dû faire que des sujets de pendule en zinc doré.

Malgré le Bernin, malgré bien d'autres encore, l'intérieur de Saint-Pierre n'en est pas moins d'une majestueuse beauté. Dix mille personnes ne paraissent rien dans Saint-Pierre. C'est seulement quand il y a beaucoup de monde qu'on voit ressortir les propositions grandioses des ornements, des statues, et de tout l'édifice.

Il faut faire le tour de Saint-Pierre pour bien juger de l'extérieur. Cette architecture pompeuse demande à être étudiée dans ses détails. La façade est ce qui me plait le moins. Le portique ou péristyle avec ses cinq grandes baies donnant sur la place, avec ses portes magnifiques ouvrant sur l'église, est certainement grandiose; mais pourquoi l'avoir surmonté de fenêtres carrées, garnies de croisées d'appartement meublé, qui ont quelque chose de choquant dans un temple chrétien? J'aime peu la colonnade : on se demande à quoi cela sert? on cherche pourquoi on a construit ce corridor, ce long portique circulaire qui entoure la place; quelles peuvent en être la raison et l'utilité?

La place est immense, ornée d'obélisques et de fontaines monumentales. De même que pour Saint-Pierre, il faut y voir beaucoup de monde, pour juger de son étendue.

Le Vatican n'a rien de monumental. C'est un labyrinthe de corps de bâtiments qui se croisent et s'enchevêtrent, et qui ont un peu l'air d'une immense caserne. Malgré toute ma bonne volonté, il m'a été impossible d'admirer cette architecture. Là aussi, le goût italien vient achever de gâter ce qui aurait pu s'y trouver de beau. N'a-t-on pas imaginé de barbouiller le Vatican avec l'inévitable crême à la vanille, et d'orner ses fenêtres de persiennes soigneusement peintes en vert! Les Italiens trouvent cela superbe : moi, cela me choque, et je suis toujours tenté de comparer ces monuments polychromes à une glace citron-pistache.

On entre dans le palais des Papes par la fameuse Porte de Bronze. La beauté de l'intérieur rachète bien les défauts du dehors. L'Escalier Royal est à lui seul un monument. C'est par cet escalier qu'on monte aux Galeries et à la chapelle Sixtine.

Je ne dirai rien de l'architecture de la célèbre chapelle; pour moi, ce style n'est pas un style d'église.

Michel-Ange a orné le plafond de ses superbes fresques des Prophètes et des Sybilles, et de la Création. Le fonds est occupé par son immense tableau du Jugement dernier, bien endommagé aujourd'hui.

J'aime mieux les Stanze, ou Chambres de Raphaël. Quelles admirables peintures! La Délivrance de saint Pierre, surtout, m'a paru merveilleuse. Des Stanze on passe aux Loges, longues galeries où l'histoire de l'Ancien Testament est écrite par les élèves de Raphaël, dans une série de tableaux encadrés de stucs charmants par Perino del Vaga.

Le Vatican est une suite de musées. Au Musée Lapidaire se trouve une collection d'anciennes inscriptions païennes et chrétiennes dont une partie provient des Catacombes. Le Musée des Antiquités chrétiennes et le Musée Etrusque ne sont pas moins curieux. Toute l'histoire de Rome est là, dans ces trois musées.

Les musées Chiaramonti et Pio Clemento sont remplis des plus beaux ouvrages de la statuaire antique. Il y a là des statues admirables: on n'a jamais rien fait d'aussi beau dans les temps modernes. Il suffit de citer l'Apollon du Belvédère, le Mercure, l'Antinoüs, le Laocoon, pour donner une idée des beautés contenues dans ces musées.

Il n'existe aucune collection pouvant être comparée à la galerie de tableaux du Vatican. Les tableaux
ne sont pas nombreux; à peine une soixantaine;
mais tous sont des chefs-d'œuvre : pas un ouvrage
secondaire. Léonard de Vinci, Bellini, Fra Angelico
le Titien, Pérugin, Sassoferrato, s'y sont donné rendez-vous avec le Guide, le Dominiquin, Jules Romain, Valentin, le Corrège, Paul Véronèse et Raphaël! Si les gardiens ne finissaient pas par vous
mettre à la porte, quand l'heure de la fermeture a
sonné, on ne sortirait pas de ce musée. Une vierge
apparaissant à saint Sébastien, par le Titien ; une
sainte Hélène de Paul Véronèse ; un saint Jérôme de
Léonard de Vinci ; la Madone de Sassoferrato ; le
martyre de saint Procès par Valentin ; la sainte Mi-
cheline du Baroccio, sont les tableaux qui m'ont le
plus frappé. Il faut cependant mettre dans une caté-
gorie à part les trois grandes toiles qui ont les honneurs d'une salle séparée, et qui passent à juste titre
pour le nec plus ultrà de l'art de peindre : je n'ai
jamais vu rien d'aussi parfaitement beau que la
Vierge de Foligno et la Transfiguration, de Raphaël;
que la Communion de saint Jérôme, du Dominiquin.
Il me semble que si j'avais à me prononcer, je donnerais la palme au Dominiquin. Cette figure de
saint Jérôme recevant le corps de Dieu au moment
où son âme est prête à quitter la terre, est tout ce
que je connais de plus admirable. Hélas ! on n'a jamais assez de temps ; il faudrait rester un an à Rome
pour revoir souvent toutes ces merveilles.

VII

Églises et Musées. Palais et Ruines.

Selon la coutume française, nous avions consacré
la journée du Jeudi-Saint à la visite des églises : nous
remplissions notre devoir de chrétiens tout en satis-
faisant en même temps notre curiosité de touristes.

Généralement, l'architecture extérieure des églises
de Rome n'a rien de remarquable. On passerait facilement devant l'entrée d'une église sans s'en douter,
si, devant la porte, ne se trouvait suspendu une espèce de matelas crasseux qu'on est obligé de soule-
ver pour entrer. Saint-Ignace, le Gesu, Sainte-Agnès
de la place Navone, Saint-Andrea della Valle, et un
petit nombre d'autres, sont certainement de beaux
édifices, mais je n'ai pas vu une seule église comme
je les aime. Pas une église romane, pas une église
gothique ! La plupart ne remonte pas plus loin que
le dix-septième siècle; et en restaurant celles qui
étaient d'une époque antérieure, on a eu bien soin

d'effacer jusqu'au dernier vestige du Moyen Age et
de l'antiquité. Les Italiens n'aiment pas le gothique;
il leur fait peur : je ne sais pourquoi, ce qu'ils font
par hasard de grand, parait toujours plus petit que
ce n'est en réalité. L'intérieur de toutes les églises a
été restauré ou plutôt abîmé. Point d'arceaux en
ogive, point de voûtes romanes : rien que des plafonds à caissons et à rosaces. Les colonnes élégantes
et hardies ont été revêtues de lourds pilliers de stuc.
Ils prétendent que nos faisceaux de minces colonnettes gothiques sont un contre-sens architectural,
parce qu'elles ne paraissent pas avoir la force de
porter la masse d'un édifice; et pourtant, ces colonnettes si légères en apparence supportent bien
les voûtes des cathédrales de Bourges, de Strasbourg
et de Cologne !

C'est le goût de la Renaissance, disent-ils encore.
— Mais enfin, nous avons en France bon nombre
d'édifices de cette époque : le palais de Jacques
Cœur à Bourges, les châteaux de Blois, de Chambord, de Fontainebleau, et tant d'autres. Pourquoi
la Renaissance a-t-elle produit chez nous tant d'œuvres nobles et gracieuses, et pourquoi n'offre-t-elle
rien de pareil à Rome ? — C'est le génie de Michel-
Ange, répond-on.—Mais, si c'est là le génie de Michel-
Ange, je ne puis admettre que ce soit un bon génie :
si c'est lui qui a achevé de détruire ce qui restait
des édifices de l'ancienne Rome ou du Moyen Age,
pour faire ce que nous voyons aujourd'hui, je l'ap-
pellerai Génie du mal et de la destruction : ce n'est
pas là le génie d'un grand artiste, c'est plutôt,
comme je le disais à Padoue, le génie d'un plâtrier.

Oui, si ces églises n'étaient pas aussi richement décorées, si elles ne renfermaient pas une telle quantité d'admirables statues et de tableaux magnifiques; si elles n'étaient pas plus riches encore par les souvenirs qu'elles rappellent, et par les reliques des saints et des martyrs, nous les trouverions laides, et elles le sont en réalité! à l'encontre des églises de pur style roman ou gothique, qui sont assez parées par les détails de leur architecture, les églises de Rome ne supportent pas la nudité; il leur faut du marbre, des stucs, des peintures, des statues.

Saint-Jean de Latran, la grande basilique après Saint-Pierre, paraît presque pauvre, malgré quelques tableaux de grande valeur; on y conserve la table de la Cène. Son cloître formé d'élégantes colonnes torses, rappelle l'architecture vénitienne. La façade principale est belle et imposante. Tout à côté est le baptistère de Constantin; puis la Scala Santa, dont les marches proviennent, dit-on, du prétoire de Pilate à Jérusalem. Les pèlerins montent cet escalier à genoux.

Sainte-Marie-Majeure est plus riche, mais, hélas! elle a un plafond! J'aime mieux Sainte-Croix de Jérusalem, si riche par les reliques qui y sont déposées. J'y ai vu un grand morceau de la vraie croix, et la croix du bon larron, le saint le plus authentique que nous ayons, puisque c'est le Christ lui-même qui l'a canonisé, en lui disant : « *Tu seras aujourd'hui avec moi dans le Ciel.* »

A Sainte-Agnès de la voie Nomentane, on retrouve de touchants souvenirs. C'était jadis la villa de sainte Agnès : c'est là qu'il faudrait aller relire Fabiola! Dans l'église même se trouve l'entrée des Catacombes où fut inhumée la Vierge chrétienne. J'ai remarqué à Sainte-Agnès de curieuses mosaïques des premiers siècles.

Saint-Laurent hors les murs est une des églises que je préfère. J'aime ce chœur exhaussé au-dessus du sol de la basilique, et entouré d'une curieuse balustrade de marbre : J'aime ces chaires monumentales, cette charpente peinte. Un jour, nous avions voulu aller à Saint-Laurent pour prier au tombeau de Pie IX. On disait les vêpres : après la « *Funzione* », comme on dit à Rome, on ouvrit les portes de la crypte où repose le saint Pontife. Nous fûmes profondément touchés par l'attitude des paysans de la campagne romaine, qui sont les fidèles ordinaires de Saint-Laurent. Tous, hommes et femmes, se prosternent devant le tombeau du vénérable Pape, baisent pieusement le marbre qui le recouvre : les femmes font toucher cette tombe à leurs petits enfants; tous y apportent des fleurs. Ces braves gens, avec leur foi simple et naïve, m'ont plus édifié que tout ce que jai pu voir à Rome. On voyait que ces démonstrations partaient du cœur. A coup sûr, ce ne sont pas ceux-là qui ont dépouillé Pie IX de sa couronne temporelle !

A Sainte-Agnès de la place Navone, nous avons vu le cachot où la jeune martyre fut enfermée avant son supplice.

L'Ara Cœli est bâtie au-dessus du Capitole, sur l'emplacement du temple de Jupiter Capitolin : du haut de l'escalier qui y mène on domine la Rome

moderne et les ruines de la Rome des Césars. On y
remarque un autel qu'on dit avoir été élevé dans le
temple de Jupiter, au Dieu nouveau qui devait naître
d'une Vierge, par Auguste lui-même, instruit de la
naissance du Christ par les prédictions de la Sibylle.
Cette église est donc le trait d'union entre le monde
ancien et le monde nouveau. Il y a à l'Ara Cœli de
belles fresques du Pinturicchio. L'église est desservie par les Franciscains. J'ai conservé le souvenir
de la piété avec laquelle un de ces bons Pères nous
montra la célèbre statuette du Bambino, représentant l'Enfant Jésus, et faite avec le bois d'un des
oliviers de Gethsémani. On porte cette statuette
avec le plus grand respect chez les malades qui la
demandent. J'ai été frappé de l'expression naïve et
inspirée de cette figurine, toute grossièrement taillée
qu'elle puisse être. Elle n'est pas ordinaire : on
pourra passer auprès de bien des magnifiques statues sans s'y arrêter; on ne passera jamais auprès
du Bambino avec indifférence. Ce n'est pas une
œuvre d'art, mais c'est bien une œuvre sainte.

L'église des Capucins contient de beaux tableaux,
entr'autres le célèbre Saint-Michel du Guide, dont la
reproduction en mosaïque est à Saint-Pierre. Sous
l'église est un vaste ossuaire où sont exposés les cadavres desséchés des capucins, revêtus de leurs
robes de bure. Il y en a des centaines : c'est horrible !

Nous avons pu voir quelques belles peintures au
Gesu; le tableau que je préfère, est la Mort de saint
François-Xavier, de Carlo Maratta : nous avons été
quelque peu scandalisés dans cette église. On nous

avait engagés à y aller le Vendredi-Saint pour entendre le sermon sur les Cinq Paroles : un prêtre
prêchait, non dans une chaire, mais sur de véritable tréteaux, avec des gestes, des roulements
d'yeux, des cris... et une pantomime que nous ne
trouvions guère chrétienne. De temps en temps, il
s'arrêtait; et pendant ces entr'actes, un orchestre
exécutait des morceaux de musique ressemblant
plus à des airs de ballet qu'aux œuvres de Pales-
trina ou de Lambillotte. Nous prîmes promptement
la fuite pour aller au chemin de la Croix à Saint-
Louis des Français. On nous dit bien qu'il fallait
faire la part du caractère italien : je ferai toutes les
parts qu'on voudra, mais je ne conviendrai jamais
que ce soit là une manière bien respectueuse, surtout le Vendredi-Saint, de rendre un culte à Jésus
crucifié.

J'aime assez la Minerve, ou plutôt Santa Maria
sopra Minerva. Elle a conservé ses voûtes ogivales;
elle est riche en marbres, en tableaux et en statues.
J'y ai remarqué un Christ portant sa croix, de Michel-Ange.

A Saint-Pierre aux Liens, grâce aux permissions
obtenues par Gaëtano, nous avons pu vénérer les
chaînes de saint Pierre. C'est là qu'est le célèbre
Moïse de Michel-Ange. J'avoue que je l'aime moins
que sa Pieta de Saint-Pierre. J'y ai remarqué une
toute petite toile, la Sainte-Marguerite du Guerchin
C'est un des tableaux que je préfère parmi tous
ceux que j'ai vus en Italie.

Saint-Pierre in Montorio est bâti sur le Janicule, à
la place où fut martyrisé le chef des Apôtres. Dans

un petit édifice rond attenant à l'église, le gardien nous montra le trou où fut plantée sa croix. On a de là une vue magnifique sur le Tibre et sur Rome.

Sainte-Marie du Transtevère n'a rien de très remarquable : je préfère infiniment Sainte-Cécile construite sur l'emplacement de la maison de la sainte. On voit encore l'appartement où elle reçut la mort. Tout le monde connaît la reproduction de sa charmante statue couchée, chef-d'œuvre de Maderni, placée sous le maître-autel.

Sainte-Marie des Anges a été établie par Michel-Ange dans une des immenses salles des Thermes de Dioclétien. Il y a de belles fresques du Dominiquin, de Carlo Maratta, de Pomarancio.

Saint-Grégoire, sur le mont Cœlius, église des Camaldules, est orné de fresques superbes du Guide et du Dominiquin.

Tout à côté, sont la vielle église et le couvent des pères Rédemptoristes.

Un peu plus loin, Saint-Étienne le Rond, ancien temple de Bacchus, selon les uns; selon d'autres, édifice chrétien bâti sous Constantin, n'a de remarquable que sa forme circulaire, assez inaccoutumée, et ses fresques d'un réalisme atroce représentant des scènes de martyre. C'est le pendant, en peinture, de l'ossuaire des Capucins.

Il y a à Rome, je crois, trois cent soixante-dix églises. Bien entendu, nous ne les avons pas toutes visitées. Il faudrait un gros volume pour donner une description un peu détaillée seulement de celles que nous avons vues. Je me borne à indiquer celles qui m'ont laissé le plus de souvenirs.

12

A cette simple nomenclature, j'ajouterai le Panthéon, bâti par Agrippa, d'abord temple païen, puis
consacré au culte chrétien qui ne s'en sert guère,
car je crois qu'on n'y dit jamais la messe. Il est rempli de tombeaux, parmi lesquels celui de Raphaël.
C'est aussi là que Victor-Emmanuel attend le jugement dernier.

On dit que la coupole du Panthéon a servi de modèle à Michel-Ange, pour construire celle de Saint-
Pierre. Cette immense rotonde n'est éclairée que
par une seule ouverture placée au sommet de la
voûte. Ce que j'aime le mieux dans le Panthéon,
c'est son vaste portique, dont le fronton est supporté
par de superbes colonnes.

La prison Mamertine a plus de droit d'être placée
parmi les églises, puisque qu'on y célèbre les offices,
et qu'elle a été consacrée par le séjour de saint
Pierre. Le souterrain inférieur est un cachot affreux;
on dit que c'est là que périt le malheureux Ju-
gurtha.

Rome est riche en galeries de peinture, appartenant en général à des particuliers. Nous avons pu
visiter les plus curieuses et les plus célèbres.

Le palais Colonna, résidence de l'ambassadeur de
France près le roi d'Italie, possède quelques beaux
paysages du Poussin, d'admirables portraits de
Van-Dyck, et de bons tableaux d'Annibal Carrache,
de l'Albanne, de Sassoferrato. Dans une de ses
salles, on montre un boulet français qui s'est in-
crusté dans une dalle, lors du dernier siège de
Rome, en 1849.

Le palais Barberini, d'une assez belle architecture,

fut bâti, dit-on, avec les débris du Colysée, par le
cardinal Barberini, neveu d'Urbain VIII : un magnifique escalier conduit à la galerie de tableaux. C'est
dans cette galerie qu'est le fameux portrait de la Fornarina, de Raphaël. Là, aussi est un autre portrait
non moins célèbre, celui de Béatrice Cenci, par le
Guide. J'y ai remarqué encore une Sainte-Famille
d'Andréa del Sarto. Nous y avons été bien amusés
par un Anglais qui voulait absolument visiter les
appartements réservés du prince Barberini : celui-
ci fut obligé d'intervenir lui-même pour se débarrasser de ce fâcheux.

Au palais Doria Pamphili, dont les belles salles
contiennent, outre les tableaux, de précieux fragments de sculpture antique, j'ai remarqué une
Madeleine d'Annibal Carrache, à demi couchée au
milieu d'un beau paysage ; les Trois âges de l'homme
par le Titien ; quelques beaux portraits de Raphaël,
et un portrait d'André Doria par Sébastien del
Piombo. Une des salles est ornée de grandes glaces,
sur lesquelles sont peints des tableaux de fleurs : cela
produit un singulier effet.

Le palais Corsini, au Transtevère, est un bel et
grand édifice. On entre dans un magnifique vestibule, entouré de colonnes, donnant sur un escalier
monumental par lequel on monte à la galerie. Ce
musée est peut-être celui qui me plait le plus parmi
ceux que j'ai vu à Rome ; il y a, à côté les uns des
autres, trois Ecce Homo ; l'un par le Guerchin, l'autre
par Carlo Dolci, et le troisième par le Guide. Je
trouve celui du Guerchin trop forcé dans sa douloureuse expression, celui de Carlo Dolci trop efféminé,

et je préfère infiniment celui du Guide, très connu d'ailleurs, et si souvent reproduit. La charmante Vierge de Carlo Dolci ; un saint Jean du Guerchin ; une Vierge de Murillo ; une Suzanne du Dominiquin ; une Sainte Famille de Vasari ; et une autre du Parmigiano, sont les perles de cette remarquable galerie.

Sur le même rang que la galerie Corsini, on peut placer celle du palais Borghèse. La façade de ce palais est d'une noble architecture : on traverse le corps de bâtiment, et on pénètre dans une cour intérieure communiquant avec les jardins, et entourée d'un beau portique corinthien sous lequel on voit quelques statues. A gauche, est l'entrée de la galerie. Tous les plus grands peintres y sont représentés par des œuvres de mérite. Une Mise au tombeau, de Raphaël ; un saint Sébastien, du Pérugin ; un portrait de Jules II par Jules Romain ; la Danaé, du Corrège ; la célèbre Sybille de Cumes, et la Chasse de Diane, du Dominiquin ; une tête de saint Joseph, du Guide ; les trois Grâces, l'Amour sacré et l'Amour profane, du Titien ; sont des tableaux qu'on n'oublie jamais quand on les a vus.

Pendant que je suis en train de parler des musées, n'est-ce pas le cas de dire nos impressions sur celui du Capitole, bien que soit une faute contre la méthode que de parler du contenu avant d'avoir mentionné le contenant lui-même ?

La galerie de peinture du Capitole, malgré quelques beaux tableaux, n'est pas une des plus importantes de Rome. Elle est placée au premier étage du palais, dit des Conservateurs. La plupart des grands peintres y sont représentés; mais c'est le Guerchin qui, par le nombre et le mérite de ses tableaux, me paraît être le roi de cette galerie. J'ai remarqué de lui : un Saint-Jean-Baptiste; la Sybille persique, et surtout sa Sainte-Pétronille, dont nous avions vu la reproduction en mosaïque à Saint-Pierre. Jules Romain y a une Judith superbe; Tintoret, une Flagellation et un Couronnement d'épines, où je retrouve avec plaisir le grand artiste vénitien. Pierre de Cortone est représenté par une bataille d'Arbelles. Dans de belles salles décorées de fresques d'Annibal Carrache, représentant les exploits de Scipion, et à travers une foule d'œuvres modernes, nous admirons quelques belles statues antiques, entr'autres le Tireur d'épine; la fameuse louve de bronze allaitant Romulus et Remus; des fragments de statues colossales.

Dans une autre salle sont placés les bustes en marbre des hommes célèbres d'Italie. On n'a pas manqué de placer le buste de Garibaldi dans ce Panthéon moderne. J'y ai vu avec un certain étonnement celui de Napoléon Ier. Qui sait si cette revendication pacifique ne deviendra pas quelque jour un *casus belli*, et si, pendant qu'ils sont en train de revendiquer tous les pays soi-disant « *Irredenti* », ils ne nous demanderont pas aussi la Corse?

On traverse la place pour gagner le palais situé en face du palais des Conservateurs. C'est dans celui-ci qu'est placé le musée proprement dit. Le vestibule, la cour intérieure, l'escalier, tout est plein de magnifiques fragments de statues antiques, de bas-reliefs, de bustes. Des salles spéciales sont assi-

gnées aux bustes authentiques des empereurs romains et des grands hommes qui ont illustré la vieille Rome païenne. La plupart sont d'un travail merveilleux ; ils doivent être ressemblants. Mais, franchement, les anciens Romains n'étaient pas des Adonis, et je crois que les poètes de cette époque ont un peu surfait les charmes des dames romaines. On dirait volontiers aux anciens : « Si ce sont là vos beautés célèbres, nous avons maintenant mieux que cela à vous faire voir. »

Il y a dans ce musée de superbes statues : le Faune de la villa Adriana ; l'Enfant à l'Oie ; le fameux Gladiateur mourant ; une Amazone splendide ; le Faune de Praxitèle, et la célèbre Vénus du Capitole.

Le Capitole actuel est bâti sur l'emplacement de la citadelle de la République romaine. Hélas ! si les temps sont changés, les lieux ne le sont pas moins ! On monte à la place du Capitole par un escalier monumental qui semble gardé par deux lions en basalte, et dont la rampe est ornée de trophées de marbre. Au haut de cet escalier sont les statues colossales de Castor et de Pollux : au milieu de la place, la belle statue équestre en bronze doré de Marc-Aurèle, la seule statue équestre antique, dit-on, qui soit parvenue intacte jusqu'à nous. L'édifice qui fait face à l'escalier, est le palais du Sénateur, bâti sur l'ancien Tabularium. A droite, le palais des Conservateurs, hôtel de ville de Rome : à gauche, le palais du Musée. Ces trois édifices, du style de la décadence, manquent absolument de majesté. Bien entendu qu'on n'a pas manqué de leur donner l'inévitable couche de badigeon.

A la place de *l'Arx Sacra Romæ,* j'aurais voulu
autre chose, ou plutôt, j'aurai mieux aimé des ruines ! Les Romains de la Renaissance et de l'époque
moderne se sentaient donc bien écrasés par les souvenirs d'un glorieux passé, qu'ils semblent avoir
pris à tâche de n'en pas laisser subsister un vestige !
Ceux de l'époque actuelle ont l'air de s'amender
sous ce rapport; et les ruines que les fouilles du
Forum et du Palatin découvrent chaque jour, sont
bien mieux respectées.

A gauche, l'église de l'Ara Cœli domine le Musée :
derrière le palais du Sénateur, et à droite; le Forum,
le Palatin, et tous les débris de la Rome des Consuls
et des Césars.

Il n'y a pas loin du Capitole à la Roche Tarpéienne,
disaient les anciens Romains; aussi, en sortant du
Musée, nous nous empressons d'y courir. On reconnaît encore l'escarpement d'où on précipitait les
criminels politiques, ou soi-disant tels : l'endroit où
venaient se briser leurs cadavres est occupé par
l'atelier d'un tanneur, et le sommet du rocher est
couvert par un carré d'artichauts. Ce que je connais
de l'histoire du « *Peuple Roi* » ne me fait pas sup-
poser que, quand ses mauvaises passions étaient
excitées, il fut meilleur et plus raisonnable que notre
« *Peuple Souverain.* » Bien des innocents, bien
des honnêtes gens ont dû périr sur le pavé de la
cour du tanneur.

Je n'entreprendrai pas de faire la description des
rues de Rome. Si on les considère au point de vue
moderne, elles sont loin d'être belles. La rue principale, le Corso, qui traverse le centre de la ville,

est, je crois, la seule qui soit pourvue de trottoirs.
Presque toutes les places sont décorées d'obélisques
jadis apportées d'Égypte par les empereurs. Sur la
place Colonna se trouve la célèbre colonne Antonine, et la colonne Trajane orne le forum de Trajan,
dont les déblais récents nous laissent voir les sou-
bassements. La place Navone, sur l'emplacement
du cirque Agonal, est décoréed'un obélisque et de
fontaines monumentales. La place del Popolo, à
l'extrémité de la ville, où finit le Corso et où commence la voie Flaminienne, a aussi son obélisque.
A l'autre bout du Corso, sur la place Venezia, est le
beau palais de Venise, occupé par l'ambassade d'Autriche; son architecture rappelle un peu celle du
palais des Doges. La place d'Espagne, où se trouve la
colonne que Pie IX fit ériger en mémoire de la pro-
clamation du dogme de l'Immaculée-Conception, est
le centre du quartier élégant. Elle est dominée par
l'église de la Trinité-du-Mont, dont la belle terrasse,
passant devant la villa Médicis, se prolonge jusqu'aux jardins du Pincio, le bois de Boulogne de
Rome. Cette promenade est vraiment belle, et on y
jouit d'une vue superbe : d'un côté on domine la
partie de Rome bâtie sur l'emplacement de l'ancien
Champ de Mars, et de l'autre, les prairies de la Villa
Borghèse. C'est là que les élégantes Romaines vont
montrer leurs toilettes et leurs équipages.

Le Borgo, ou quartier du Vatican, et le Transtevère,
séparés de l'ancienne Rome par le cours du Tibre,
forment pour ainsi dire deux villes à part. Les habitants du Transtevère ont même conservé leur type
et gardé leurs usages particuliers.

Une petite place assez laide et assez malpropre, le Campo dei Fiori, mérite encore d'être mentionnée. Tous les mercredi, les juifs et les brocanteurs viennent y étaler un tas de vieilleries, fausses ou authentiques, à travers lesquelles les collectionneurs trouvent souvent des objets de valeur. Il y a de tout, depuis de vieilles mouchettes et des fers à repasser hors d'usage, jusqu'à des bijoux précieux. Le Ghetto, dans l'intérieur des restes du théâtre de Marcellus, vaut aussi la peine d'être vu. C'est un labyrinthe de ruelles étroites et tortueuses, où, comme au Campo dei Fiori, on trouve de tout, même des figures qui n'inspirent pas l'envie d'aller y méditer seul au clair de la lune.

Le palais Farnèse, dont nous n'avons pu visiter l'intérieur, le palais de Monte Citorio, sur la place du même nom, occupé par la Chambre des députés, peuvent aussi être comptés parmi les beaux édifices de Rome.

Le Quirinal, entre le Capitole et la gare, est aujourd'hui la résidence du roi d'Italie. Sa façade donne sur la place du Monte Cavallo, ainsi nommée à cause de deux statues colossales de cavaliers, attribuées à Phidias et à Praxitèle. Grâce aux relations qu'Albert Costa avait conservé en Italie, nous avons pu obtenir la permission d'en visiter l'intérieur, qui est assez beau.

Que je plains ce roi d'Italie que la révolution a enfermé au Quirinal! Il y est plus exilé que le noble exilé de Goritz : il y est plus prisonnier que le prisonnier du Vatican, car il y est prisonnier de la révolution, qui s'est emparée de lui, de sa famille

de ses enfants; qui lui dit : « Marche; marche!
désormais, tu ne pourras plus t'arrêter, ni regarder
en arrière! » Qu'il doit souffrir, ce fils de la plus
ancienne maison royale de l'Europe, ce descendant
de tant de rois chevaliers! on l'a forcé de renier
toutes les traditions de ses ancêtres... de ses ancêtres
qui furent les éducateurs de Bayard; de contredire
à tout leur passé; d'humilier la glorieuse croix de
Savoie devant la loque rouge de Garibaldi! De
même que la révolution ne lui laisse ni trève ni
répit; de même aussi le châtiment vient s'infliger
à lui sous toutes les formes et à tous les instants.
Que ce séjour doit lui être amer : à chaque heure,
dans toutes les salles, sur tous les panneaux, les
armes des Papes dépouillés viennent lui rappeler
qu'il n'est pas là chez lui; que son père s'y est introduit comme un voleur, et y est mort misérable-
ment; que peut-être, l'heure approche, où la révolution le brisera et le chassera à son tour, quand
elle n'aura plus besoin de ses services; et que,
comme les princes qu'il a dépouillés, en servant
d'instrument à la démagogie, il n'aura plus une
pierre pour reposer sa tête. Il se souviendra alors,
que jadis Rome était l'asile des rois détrônés; et il
n'aura plus la ressource d'aller chercher une hospitalité royale auprès du trône de saint Pierre !

Je me souviens que dans une des salles, vis-à-vis
du portrait de son noble aïeul Charles-Albert, on a
placé celui de l'empereur Guillaume de Prusse, dont
il est aujourd'hui presque le vassal. Aux pieds du
conquérant allemand, une console supporte un aigle
empaillé dévorant un faisan. Je n'ai pu m'em-

pêcher de dire à la personne qui nous faisait visiter le palais, qu'il faudrait compléter ce groupe et rendre l'allusion plus transparente, en y ajoutant cette inscription : « *La Force prime le Droit.* » — Je ne connais rien de plus pénible et de plus humiliant pour un prince de noble race, que d'être le roi de la Révolution.

Ce qu'il y a de plus curieux à Rome au double point de vue de l'art et de l'histoire, ce sont les ruines.

Quand, descendant de la place du Capitole entre l'Ara Cœli et le palais du Sénateur, on découvre à la fois le Forum, le Palatin, le Colysée, les Thermes de Titus, on est saisi et émerveillé.

On descend quelques marches, et on passe sous l'arc de Septime Sévère : ces colonnes superbes, qui sont restées debout malgré les incendies et les siècles, ce sont les ruines du temple de Saturne : en arrière, voici les restes du Tabularium ; à droite, voilà la basilique Julienne ; à gauche, la basilique Émilienne. Devant nous, la colonne de Phocas, la tribune aux harangues, les trois colonnes qui restent du temple de Jupiter Stator. Plus loin, à gauche, ces gigantesques voûtes ornées de rosaces octogones, c'est le temple de la Paix, devenu la basilique de Constantin. Vis-à-vis, voilà les ruines immenses du palais des Césars... Nous passons auprès de la petite église de Sainte-Françoise Romaine qui s'élève sur l'emplacement du temple de Vénus et Rome. Nous suivons la Voie Sacrée : les dalles sur lesquelles nous marchons ont été foulées par les Scipions, par Caton, par César ! Nous passons sous l'arc de Titus,

élevé en mémoire de la prise de Jérusalem : voilà
l'arc de Constantin, qui relie la Voie Triomphale à
la Voie Sacrée ; voilà la Meta Sudans, dont Sénèque
parle dans ses lettres ; et cette masse qui se dresse
devant nous comme une montagne, c'est le Colysée.

Je ne connais rien de majestueux comme cet immense amphithéâtre : on ne peut le décrire, il faut
le voir. C'est bien là le *Colosseum*, tout y est colossal.
lossal. Nous parcourons ses grandes arcades, ses
gradins, ses escaliers, ses couloirs, son arène immense. Il a bravé les dévastations des hommes et
résisté à celles du temps. Commencé par Vespasien
et Titus, terminé par Domitien, il a beaucoup souffert pendant l'invasion normande de Robert Guiscard,
et pendant les guerres civiles qui ensanglantèrent
Rome au Moyen Age. Plus tard, les papes s'en firent
une carrière de marbre. Bien des édifices, comme
les palais Farnèse et Barberini sont sortis tout en-
tiers de ses ruines. Quand les élèves de Michel-
Ange et les sculpteurs de cette époque avaient besoin d'un bloc de marbre, on allait l'arracher au
Colysée. Les derniers papes ne voulurent pas laisser
périr ce monument unique au monde, où tant de
martyrs avaient confessé la foi, et on commença des
restaurations qui furent continuées jusqu'à la fin du
règne de Pie IX. A l'heure présente on ne détruit
plus, mais on ne travaille guère.

C'est bien là un « monument de meurtre, » a dit je
ne sais quel écrivain. Des milliers de gladiateurs y
périrent pour l'amusement du peuple romain. Plus
tard ce furent les chrétiens qui servirent de victimes.
« *Les chrétiens aux lions !* » Il semble que ce

cri va retentir quand on pénètre dans la vaste enceinte. On oublie Vespasien et Titus pour ne voir que l'arène, où on croit voir encore fumer le sang des martyrs; pour ne penser qu'aux âmes qui sont parties de là pour voler à la gloire : les belles pages de Fabiola et de Chateaubriand reviennent à la mémoire : il semble qu'on voir apparaître Eudore et Cymodocée, qu'on va voir arriver saint Pancrace!

Il était tard, mais le temps était superbe; au risque de nous faire assassiner dans ces ruines ou d'y attraper la fièvre, nous voulons jouir de ce spectacle au clair de lune : c'était splendide; c'était à y passer la nuit.

Un autre soir, à l'occasion du centenaire de Raphaël, il y eut une fête de nuit au Colysée. Les ruines, éclairées par la lumière électrique et par les lueurs colorées des feux de Bengale, prenaient des teintes extraordinaires : une foule énorme arrivait de tous cotés. L'endroit où étaient massés les spectateurs n'était pas assez éclairé pour que les costumes modernes puissent nuire à l'illusion, plutôt augmentée, au contraire, par les longs manteaux des hommes et par les robes claires des femmes. Instinctivement, nous portions nos regards vers la tribune impériale, comme si nous allions y voir paraître les vestales et le cortège de César... hélas! cette illusion fut promptement détruite par la musique d'un des régiments en garnison à Rome. Dans un pays comme l'Italie, où chaque enfant quitte le sein de sa nourrice pour gratter les cordes d'un violon, comment les musiques militaires peuvent elle être aussi mauvaises?

Quand on est au milieu du Forum, tournant le dos à la Basilique Constantinienne, on a devant soi des ruines immenses, des souterrains, des escaliers, des voûtes qui s'élèvent à une grande hauteur. Ce sont les substructions du Palatin, et les restes du palais de Caligula. Ces ruines sont une ville toute entière. Du coté du Forum, elles sont presque de plain pied avec le sol. On y monte par un plan incliné, le Clivus Capitolinus, ou par un escalier moderne qui traverse les anciens jardins Farnèse. Une fois au sommet du plateau qui couronne le mont Palatin, on voit toutes les constructions élevées par les empereurs à différentes époques; à gauche, c'est le palais de Tibère; plus loin, c'est celui d'Auguste : à côté, et communiquant avec le palais de Caligula par un long passage souterrain, on trouve des bains, des réservoir à murènes, et quelques pièces admirablement conservées : c'est la maison de Livie : le triclinium de cette habitation est dans un état de conservation remarquable. Sur les murs, de charmantes peintures ont l'air de dater de dix ans. Des sujets mythologiques encadrés par une suite de ravissants petits paysages en camaïeu représentant des scènes de la vie rustique, forment la décoration de ce triclinium; à droite, voilà un bosquet de lauriers qu'on prétend être le bois sacré où Tibère consultait les augures. On a de là une vue superbe sur le Forum, le Capitole, et une partie de Rome.

En continuant d'abord dans la même direction, puis en tournant à gauche, on trouve encore d'autres ruines d'un aspect imposant : ce sont celles des édifices construits par Septime Sévère et par les derniers Césars. C'est de ce côté qu'on pousse aujourd'hui les fouilles. On travaille maintenant à achevr les déblais du Stadio, amphithéâtre situé au milieu du palais des empereurs.

En voyant la masse énorme des constructions qui sont encore debout, et celle plus grande encore des décombres dont elles étaient recouvertes, on se demande quelles devaient être les proportions de ces palais avant leur destruction, et on se fait une idée de l'horreur des incendies et des dévastations qui ont ainsi enseveli la vieille Rome sous de pareils monceaux de ruines !

Au beau milieu des fouilles et des déblais, s'élève la villa Palatine, propriété des religieuses de la Visitation, qui y ont établi leur couvent. Ces bonnes sœurs ne se doutent pas de ce qui pourra leur arriver. On ne peut laisser les fouilles inachevées ; le terrain occupé par la Visitation recouvre certainement des choses aussi intéressantes que celles qu'on découvre tout autour. Il arrivera forcément un moment où les religieuses seront expropriées ; à moins que leur couvent et l'enclos qui l'entoure ne glissent naturellement un beau matin dans le Stadio ou dans la maison d'Auguste.

Il n'y a pas très longtemps qu'on travaille sérieusement aux fouilles du Palatin. L'empereur Napoléon III, après l'occupation de Rome par l'armée française, avait acheté les terrains qui recouvraient les ruines. Après le désastre de Sedan, et l'annexion du patrimoine de saint Pierre au nouveau royaume d'Italie, le roi Victor-Emmanuel devint propriétaire de ces terrains, et fit continuer les fouilles auxquelles on travaille assez activement. Le gouvernement italien a conservé et pris à sa solde quelques-uns des anciens sous-officiers français que l'empereur Napoléon y avait placé comme gardiens. Nous avons été guidés dans les ruines par un de ces braves gens, qui nous témoigna un grand bonheur de voir des compatriotes, et de pouvoir parler de notre malheureux pays.

Ces gardiens, organisés militairement, forment un corps auquel est confiée la surveillance des palais, des musées, et en général de toutes les curiosités que les étrangers visitent en Italie. Ils ne doivent recevoir aucun salaire des visiteurs ; leurs bénéfices, en dehors de leurs appointements, consistent dans la vente de photographies. Partout, au Palatin comme à Pompéï, nous les avons trouvés obligeants et polis. Les Anglais font leur désespoir. Ces gentlemen vêtus de costumes à carreaux, porteurs d'une gibecière et d'un caoutchouc roulé, et armés de cannes à marteaux, ont la manie d'emporter quelques fragments des monuments qu'ils visitent. On est obligé de les surveiller de très près, car ils n'ont aucun remords de casser le nez d'une statue, ou de détacher une pierre au milieu d'une mosaïque.

Du haut des édifices de Septime Sévère, nous voyons le Colysée, le mont Cœlius : Sous nos pieds, l'emplacement du Circo Maximo, dont il ne reste plus de vestiges : un peu plus loin c'est le mont Aventin, couronné par la belle villa des chevaliers de Malte : en suivant du regard la voie Appienne, nous apercevons à une certaine distance, des ruines qui nous paraissent aussi gigantesques que celles qui nous entourent. Nous nous y faisons conduire : ce sont les Thermes de Caracalla, un des plus grands monuments de l'ancienne Rome. On travaille aussi à les dégager de leur manteau de décombres. Tous les jours, on découvre quelque bas-relief, quelque reste de la splendeur de Rome. Il y a encore des pavés de mosaïque très bien conservés, des salles immenses, des piscines, des étuves. Les Romains du dix-neuvième siècle ne ressemblent guère à leurs ancêtres qui avaient des bains aussi prodigieux. « *Tantum mutatus ab illo ;* » aujourd'hui, il n'y a qu'un seul établissement de bains publics dans une ville comme Rome !

VIII

Le Paganisme au Panthéon et le Christianisme à Saint-Pierre.
Tivoli. — Léon XIII. — La vraie Rome.

Nous nous trouvions à Rome pendant les fêtes du
quatrième centenaire de la naissance de Raphaël.
Je m'amusai beaucoup quelques jours après, en lisant
les comptes-rendus fantaisistes que les journaux français donnèrent de ces soi-disant fêtes qui, en réalité,
se réduisirent à une mascarade assez malpropre. Du
portail de l'hôtel de la Minerve, nous pûmes assister
au défilé de ce fameux cortège dont nos journaux
boulevardiers ont fait tant de bruit. A part une ou
deux douzaines de gens d'un extérieur à peu près
convenable, qui du reste, paraissaient assez mal à
leur aise au milieu de cet entourage, tout le reste
n'était qu'une bande de voyous assez déguenillés,
assez avinés, portant quelques drapeaux, et précédés
par quelques musiques de cirque. Ce grotesque cortège avait quelque ressemblance avec un enterre-
ment civil de quinzième classe. Pour compléter la

ressemblance, tout ce monde se rassembla au Panthéon, où furent prononcés des discours sentant fortement le pétrole. Pauvre Raphaël! lui qui devait aimer les beaux costumes, la pompe des cérémonies chrétiennes, comme il a dû être peiné, humilié, si il a pu voir tout cela à travers le voile qui nous sépare de l'autre monde!

Quel contraste entre cette cérémonie démocratico-païenne, et la grand'messe du jour de Pâques à Saint-Pierre. Je n'ai jamais rien vu d'aussi beau! Vingt mille personnes au moins se pressaient autour de l'autel, dressé au milieu de la grande nef, un peu en avant du tombeau des Apôtres. Un cardinal, assisté de plusieurs évêques et d'une quantité de prêtres, officiait pontificalement. Il était magnifique, ce cardinal. Jeune encore, d'une tournure pleine de noblesse, il dominait de sa haute taille la foule respectueuse qui s'inclinait devant l'autel. Il officiait avec une dignité et une piété remarquables. C'était bien là un prince de l'Église, et en même temps, il avait l'air d'un saint. J'ai su que c'était le cardinal Howarth, frère du duc de Norfolk, pair d'Angleterre.

Dans une tribune, un chœur de voix splendides entonnait l'hymne triomphal de la Résurrection. Les sens ont beau être captivés par cette musique céleste, par la vue de ces cérémonies si imposantes, par la foule qui vous entoure, il est impossible d'assister à une messe comme celle-là, sans recueillement et sans piété. Il y a quelque chose qui remue l'âme, qui la force en quelque sorte à oublier la terre et à s'élever vers le ciel. C'était un beau spec-

tacle, au moment de l'Élévation, que celui de cette
foule immense respectueusement prosternée devant
le Rédempteur. A la fin de la messe, la bénédiction
fut donnée du haut d'un des Ambons avec les in-
signes Reliques. A ce moment, je ne sais pourquoi,
un murmure parcourut la foule : on crut que le
Saint-Père allait paraître et bénir lui-même le
peuple, comme aux beaux jours de Rome. Malgré
la sainteté du lieu et du moment, si le Pape s'était
montré à la balustrade, toute cette masse l'aurait
acclamé, et lui aurait fait un véritable triomphe.
Hélas! ces beaux jours ne sont plus : mais tout
passe, et Dieu seul reste. Il est éternel; il est patient
parce qu'il est fort.

Le temps passe vite à Rome : nous allions de
merveille en merveille; les jours s'écoulaient, et
notre demande d'audience au Saint-Père n'abou-
tissait toujours pas. Nos amis, qui avaient obtenu
la leur, nous quittèrent pour nous précéder de quelques jours à Naples, ou plutôt à Castellamare : le
bon P. Brichet nous avait donné le conseil de ne
pas loger à Naples même, où il y avait des fièvres,
mais d'établir notre quartier général à Castellamare,
d'où le chemin de fer nous conduirait à Naples en
trois quarts d'heure, qui était à côté de Pompéi et
au pied du Vésuve, et de plus en très bon air.

Nous passons donc trois ou quatre jours dans l'attente avant d'aller les rejoindre, et nous en profitons
pour voir encore bien des choses

Mgr l'Évêque de Nevers m'avait donné une lettre
pour M. le commandeur de Rossi, son correspondant
à Rome. J'allai donc faire ma visite au savant ar-

chéologue. Je trouvai M. de Rossi' chez lui; il me reçut de la façon la plus courtoise et la plus bienveillante. J'espérais qu'il allait me parler catacombes; mais quand il eut su que j'arrivais de Goritz, je ne pus venir à bout de le faire sortir du terrain politique, sur lequel je n'étais pas précisément d'accord avec lui. Ces Italiens sont incroyables: ils sont catholiques, c'est vrai; mais en même temps, ils sont libéraux; et il n'est pas rare, même parmi le haut clergé, de trouver des personnages teintés de cette nuance assez bizarre. Pie IX disait que les catholiques libéraux étaient pires que les protestants et que les révolutionnaires: beaucoup de conservateurs catholiques italiens paraissent avoir oublié ces paroles, et font de leurs idées en religion et en politique une association assez singulière. Ils arrangent à leur façon leur fidélité au Saint-Siége et leur libéralisme. J'ai même entendu un jour un ecclésiastique d'un rang élevé, faire un plaisant jeu de mots sur certaines tendances girondines qu'on prêtait au Saint-Père, et sur le nom de son premier ministre, le cardinal Jacobini.

Selon les catholiques italiens, d'accord en cela avec certains catholiques français (1), c'est nous, royalistes de religion et de principe; nous, dont l'intransigeance ne sait pas faire de concessions opportunes, qui sommes la cause du mal dont nous nous plaignons. Enfin, après m'avoir exposé toutes

_____

(1) N'est-ce pas à ces catholiques libéraux que Notre-Seigneur faisait allusion en disant: « C'est en vain qu'ils m'honorent, publiant des maximes et des ordonnances humaines. » (Saint Matthieu, chap. xv.)

ces théories, le savant commandeur conclut en pré-
tendant que nous avions encore sur la conscience,
la démoralisation de l'Italie en général, et de Rome
en particulier! Je n'ai pu m'empêcher de lui répondre que nos loges maçonniques n'étaient que
les filles des ventes des Carbonari italiens; que
c'était l'Italie qui nous avait communiqué cette
lèpre, et qu'il était singulier qu'elle nous accusât de
la lui avoir donnée. « Monsieur le commandeur,
ajoutai-je, vous accusez nos classes dirigeantes de
corrompre le peuple; je crois que vous n'avez rien
à nous envier sous ce rapport : je viens de voir au
Capitole, dans une des salles du palais municipal,
un buste de Garibaldi : sur le piédestal qui le supporte, j'ai lu les noms de ceux qui ont fait ériger ce
triste monument; et parmi eux, j'ai remarqué avec
peine les plus beaux noms de l'aristocratie romaine :
les Odescalchi, les Aldobrandini, les Torlonia, les
Massimo! Quand, en France, les gens qui portent
des noms pouvant marcher de pair avec ceux que
je viens de citer, commettent une lâcheté ou une
bassesse, le peuple lui-même les conspue et les
méprise. Vous accusez notre populace d'être devenue révolutionnaire à cause des mauvais exemples
que nous lui avons donnés, et, à Rome, votre municipalité n'a pas rougi d'inscrire ses noms aristocra-
tiques au bas d'un ex-voto à Garibaldi; elle n'a pas
craint, dans les inscriptions scandaleuses de la
porte Pia et du cimetière Saint-Laurent, d'essayer
de flétrir la mémoire de nos Zouaves Pontificaux
morts pour la défense de l'Église; et les gens dont
je parle se disent nobles et catholiques! Franche-

ment, je crois que nous valons mieux que les Italiens.» Je ne sais comment l'illustre savant prit cette boutade, mais j'aurais mieux aimé qu'il me parlât des catacombes.

Nous profitons du beau temps pour parcourir les environs de Rome. Un jour, nous fîmes presque tout le tour de la ville. Sortis en voiture par la porte Saint-Paul, nous allons gagner la voie Tiburtine en tournant le mont Cœlius. Nous passons derrière Sainte-Croix; nous longeons l'enceinte d'Aurélien, cette vieille muraille de briques, d'un si grand caractère; nous laissons à gauche le camp des Prétoriens, et nous rejoignons la voie Nomentane, toute bordée de magnifiques villas au milieu de jardins superbes : l'aspect de la campagne est différent de celui des environs de la voie Appienne. Nous rentrons à Rome par la porte Pia, où en 1870, les Zouaves Pontificaux furent victimes d'une si odieuse félonie.

Un autre jour, nous allons visiter Tivoli. Un tramway nous conduit de la place Venezia au petit chemin de fer de la porte Saint-Laurent. Nous traversons la campagne romaine. Ces immenses pâturages, avec leurs grands troupeaux de buffles ou de bœufs à cornes noires, gardés par des pâtres à cheval, au costume pittoresque, ont un aspect étrange. A-t-on assez dit d'inepties sur la campagne romaine. Des agriculteurs en chambre, des économistes d'estaminet, crient à qui veut les entendre que la campagne romaine n'est pas cultivée; que c'est là la cause des fièvres qui y sont si fréquentes; que le gouvernement ecclésiastique, en favorisant la paresse, a produit la malaria. A les entendre, ce malheureux cléricalisme est la source de tous les maux. Or, ces mêmes agriculteurs en chambre, qui prétendent que le système pastoral ne vaut rien à Rome, où les bras manquent, et où le climat est singulièrement débilitant, préconisent ce système chez nous, et voudraient le voir établir dans la Beauce ou l'herbe ne pousse pas. Ils prétendent, chez nous, que les prairies purifient l'air, tandis qu'ils affirment qu'elles engendrent la fièvre à Rome.

Du reste, j'ai vu dans les environs de Rome, des terres parfaitement cultivées, et des blés superbes. Peut-être ces savants professeurs d'agriculture, genre Tirard, ont-ils visité la campagne romaine en mars ou en avril? ils auront pris les blés verts pour de l'herbe? Ce qu'il y a de remarquable, c'est qu'à Saint-Paul-Trois-Fontaines et ailleurs, ce sont ces moines si fainéants, qui défrichent, plantent et cultivent des marais, où avant eux, on n'avait jamais récolté que la fièvre, et souvent la mort. Partout, et pour tout, c'est toujours la même chose : il suffit qu'un Sarcey de petit journal, comme une corneille qui abat des noix, vienne débiter pompeusement en patois, quelque théorie absurde sur des choses dont il ignore absolument le premier mot; pour que tous les badauds se mettent à sa remorque, et croassent encore plus fort que lui.

Nous franchissons l'Anio. A mesure que nous approchons de Tivoli les accidents de terrain deviennent plus marqués. Nous arrivons à la Solfatare, véritable rivière d'eau sulfureuse dont l'odeur se fait sentir au loin. Ces eaux sont tellement chargées de soufre, que leur teinte est d'un blanc opaque. De là, leur vient le nom d'Aquæ albulæ. Près du chemin de fer, on a construit un établissement thermal.

Nous arrivons à Ponte Lucano ; nous laissons à droite la villa Adriana, maison de plaisance de l'empereur Adrien, où ont été trouvées beaucoup des belles statues que nous avons admirées à Rome. A travers des bois d'oliviers, le chemin de fer gravit péniblement une pente très rapide, et s'arrête enfin à Tivoli.

Pour perdre moins de temps, nous prenons un guide, ou pour parler plus justement nous nous laissons prendre par un guide. Nous visitons la villa d'Este et sa belle terrasse, de laquelle on a une vue remarquable sur la campagne romaine. A nos pieds est la villa de Mécène : que de souvenirs pour les admirateurs d'Horace ! Lui aussi avait sa villa à Tibur ! Le temps est passé, où tout homme se respectant un peu, était censé ne jamais sortir de chez lui sans avoir en poche un volume d'Horace. Je vais peut-être commettre encore une hérésie pendable, mais je confesse que je n'ai jamais eu un fol engouement pour le grand poète. Je trouve qu'il parle trop pour ne rien dire.

Notre guide nous conduit aux cascades. Un tunnel creusé de main d'homme donne passage à la plus grande partie des eaux de l'Anio ; à sa sortie du souterrain, avec un bruit formidable, le fleuve se précipite d'une grande hauteur dans la vallée étroite. Un sentier artistement taillé dans le flanc du rocher abrupt, nous mène aux Cascatelles et à la grotte de la Sirène, où l'autre bras de l'Anio vient s'engouffrer pour reparaître un peu plus loin.

Même après avoir vu les belles cascades des Pyrénées et des Alpes, celles de Tivoli font un certain plaisir, surtout quand on est fatigué des musées et des monuments.

De la grotte de la Sirène, nous arrivons par un sentier assez raide au temple de la Sibylle, qui ressemble beaucoup au temple de Vesta. Il domine le gouffre et les Cascatelles; de là on jouit bien de la vue pittoresque de l'eau qui se joue et qui se brise dans les rochers. Aujourd'hui, ce temple a été converti en café restaurant, et à l'endroit où jadis les vestales offraient des sacrifices à leur déesse, on vient faire des libations en l'honneur du dieu Cambrinus! Ainsi va le monde.

Nous revenons à la gare, et nous avons le plaisir d'y rencontrer l'abbé Vialley, qui comme nous avait profité du beau temps pour venir respirer un air plus pur que l'air épais et énervant de Rome. Chemin faisant, il nous montre les points les plus intéressants que nous apercevons en passant : Monticelli, Palombar, villages perchés sur de hauts mamamelons, et dont la population a encore conservé le type et les mœurs primitives. A Palombar, les habitants sont peu ferrés sur l'histoire contemporaine : ils montrent un endroit, où, d'après eux, l'empereur Napoléon Ier aurait lui-même établi une batterie, quand il était venu assiéger Rome!... Si on écrit ainsi l'histoire des évènements qui datent de quatre-vingts ans, que doit donc être celle des faits qui se perdent dans la nuit des siècles?

A l'extrême horizon, dans la plaine, nous apercevons Mentana, et Monte-Rotondo. Nous parlons
d'amis communs, de la France, de nos souffrances
et de nos combats de 1870 : le trajet nous paraît
bien court; et le soleil se couchait lorsque nous arrivons à Rome.

En rentrant à la Minerve, nous trouvons un pli
portant le timbre du Vatican. C'était notre billet
pour l'audience du Saint-Père : nous devions être
reçus le lendemain à midi.

Le lendemain donc, à l'heure indiquée, nous nous
présentons au Vatican. Nous entrons par la Porte
de Bronze. Nous traversons la cour Saint-Damase, et
nous sommes introduits dans les appartements du
Saint-Père. Les gardes Suisses montent la garde
dans les escaliers et dans les vestibules. Ils sont superbes, ces soldats géants! Avec leurs costumes
du Moyen Age, leurs longues pertuisanes, leur immobilité de statues, ils ont l'air de ces modèles de
guerriers antiques qui semblent garder l'entrée
des musées d'armures.

Nous entrons : les camériers de cape et d'épée
portant au cou une riche chaîne d'or; les camériers
ecclésiastiques en soutane violette viennent véri-
fier nos billets. On nous introduit d'abord dans un
vaste salon autour duquel sont rangées les personnes
admises à l'audience. Le service d'honneur est fait
par la garde palatine. De temps en temps, des
gardes nobles, dont l'uniforme rappelle beaucoup
celui des gardes du corps de la Restauration, tra-
versent le salon, portant ou allant chercher des
ordres. On voit qu'on est là chez un grand souve-

rain ; tout se passe avec ordre, avec calme, avec un
cérémonial plein de majesté. Chaque personne, ou
chaque famille, est introduite à son tour. Enfin, le
nôtre arrive.

Nous traversons une pièce où sont rangés les
gardes nobles de service, et nous entrons ensuite
dans la splendide galerie où le successeur de saint
Pierre reçoit ceux qu'il a daigné admettre à son
audience. Nous attendons au fond de la salle que
le Saint-Père ait donné congé à ceux qui nous ont
précédé.

Enfin un camérier vient nous chercher et nous
amène devant le trône sur lequel est assis le Souve-
rain-Pontife; il nous nomme, et lui indique le diocèse
auquel nous appartenons.

Nous nous agenouillons aux pieds du Pape. Suivant
le cérémonial adopté, nous baisons sa mule. Léon
XIII nous accueille avec une bonté toute paternelle;
il nous parle de notre famille, de notre diocèse, de
la France. Il demande à ma fille où elle a été élevée.
Il nous promet ses prières, nous exhorte nous-
mêmes à prier, et nous adresse quelques encourage-
ments pleins de dignité et d'autorité. Il daigne
bénir quelques objets de piété que nous lui présentons; puis il nous donne sa bénédiction, pour nous
et pour tous les nôtres.

Grand, très maigre, d'un extérieur plein de noblesse, doué d'une physionomie qui indique une
haute intelligence et qui inspire un immense respect, Léon XIII est d'une majesté incomparable.
L'homme le plus orgueilleux ne rougira jamais de
s'agenouiller aux pieds de ce beau et saint vieillard

devant lequel se prosternent les rois, que toutes les nations vénèrent comme le vicaire de Jésus-Christ, et qui, à la triple couronne de saint Pierre, ajoute encore celle des plus éminentes vertus.

Après nous avoir bénis, le Saint-Père nous relève : nous nous retirons à reculons, et un camérier nous reconduit avec le même cérémonial.

Rien n'est solennel et imposant comme une audience du Pape. On a beau déja avoir été reçu par des princes et par des rois, le sentiment qu'on éprouve en présence du chef de l'Église est bien différent de tout ce qu'on a pu ressentir, et on sort du Vatican avec des souvenirs ineffaçables.

Le surlendemain, nous quittions Rome, et nous prenions le chemin de fer pour Naples.

Si, en arrivant à Rome, on est saisi d'un étrange sentiment de tristesse et de déception, en la quittant on éprouve un regret indéfinissable. C'est qu'il faut bien voir Rome, pour la juger et pour la comprendre ; et pour la bien voir, il faut la chercher où elle est. On peut dire avec raison que Rome n'est pas dans Rome. Non ; ce n'est pas dans les rues, sur les places publiques, dans les palais, qu'on trouvera la vraie Rome. Dans cette ville unique, il ne faut pas chercher le mouvement, le commerce, l'animation, qu'on trouve ordinairement dans une grande capitale ; il ne faut même pas chercher Rome dans ces splendides musées qui pourraient être transportés ailleurs, sans que pour cela la Ville Éternelle perde rien de sa grandeur. Il faut se souvenir que Rome est la capitale du monde chrétien ; que, malgré les faits accomplis et les théories révo-

lutionnaires, elle est et sera toujours la capitale d'un
empire bien au-dessus de tous les royaumes de ce
monde. Pour trouver la vraie Rome, il faut donc
s'élever au-dessus des considérations purement humaines. Il faut la chercher dans son passé ; il faut
avec la foi, sonder son avenir. Il faut considérer ces
ruines gigantesques éparses au milieu de la campagne romaine ; ce Forum, où sont entassés les glorieux souvenirs de la république des Régulus et des
Scipions ; ce Palatin, monument de l'asservissement
du peuple romain corrompu et dégénéré ; il faut
mesurer les monceaux de ruines sous lesquels les
barbares ont enseveli les débris d'une civilisation
usée et vermoulue ; il faut aller au Colysée, arrosé
du sang de tant de martyrs ; il faut aller aux Catacombes, tombeau des premiers chrétiens, et berceau
de la vraie civilisation; il faut lire cette inscription
écrite en lettres de six pieds sur la frise de Saint-
Pierre : « *Sur cette pierre, je bâtirai mon église,
et les portes de l'enfer ne prévaudront jamais
contre elle...* » ; il faut regarder les obélisques
égyptiens, la colonne Trajane et la colonne Antonine,
l'ancien temple de Jupiter Capitolin, aujourd'hui
consacré au Dieu crucifié, et voir, au sommet de
tous ces débris du passé, la Croix qui domine tout,
qui étend ses bras sur ce monde de ruines, comme
pour bien affirmer qu'ici-bas tout n'est que poussière
et retournera en poussière, que les républiques et
les empires tomberont un jour avec les monuments
qui auront attesté leur puissance, tandis que la
Croix les verra s'écrouler à ses pieds les uns après
les autres, et ne cessera pas pour cela de dominer

les ruines du monde ! Les hommes pourront faire des révolutions ; ils pourront détruire et édifier pour détruire encore ; ils passeront ; et leur prétendue sagesse sera toujours humiliée par la Folie de la Croix !

IX

CASTELLAMARE ET LE GOLFE DE NAPLES

Nous sommes en route pour Naples. Nous avons laissé derrière nous les vieilles murailles de Rome, et salué au passage Sainte-Marie Majeure, Saint-Jean de Latran et Sainte-Croix de Jérusalem. Nous franchissons le Tibre : du chemin de fer, nous voyons Albano, Velletri, dans de charmantes positions sur les contreforts des monts de la Sabine ; nous dominons à notre droite les fameux marais Pontins. Au sommet d'une colline rocheuse, nous apercevons Frosinone. Le pays est riant et pittoresque et ne ressemble plus à la campagne romaine.

Nous arrivons à San Germano, d'où nous voyons le mont Cassin, au faîte duquel se dresse, moitié couvent moitié forteresse, le célèbre monastère berceau des ordres savants qui suivent la règle de saint Benoît. J'aurais bien voulu le visiter, car c'est une des curiosité de l'Italie ; mais les femmes n'y sont pas admises, et je dus rester à mon poste de père de famille.

Nous longeons le pied des Apennins. Leur aspect âpre et sauvage contraste avec celui de la plaine fertile et bien cultivée qui s'étend à notre droite, et que nous traversons pour arriver à Capoue. Ce qu'on en voit du chemin de fer ne fait pas soupçonner que Capoue, ou plutôt Santa Maria di Capua, fut une des villes les plus considérables de l'antiquité !

Nous passons Caserte, dont nous apercevons le palais : tout à coup, le cône du Vésuve nous apparaît, surmonté de son panache de fumée ; quelques instants après, nous traversons des vignes et des jardins maraîchers superbes, et nous arrivons à la gare de Naples.

Nous voulions nous installer avant de visiter Naples ; nous changeons donc seulement de wagon, et nous continuons sur Castellamare.

A peine le train est-il en marche, que nous avons la vue splendide du golfe. Un soleil radieux éclaire ce magnifique panorama : de l'autre côté, nous voyons le Vésuve, isolé au milieu de la plaine, et plus loin, derrière le volcan, les montagnes de Nola et de la Campanie.

De Naples à Castellamare, la voie ferrée suit le bord de la mer, tantôt sur la plage, tantôt à travers les maisons de Portici, de Résina, d'Herculanum, de Torre del Greco, de Torre Annunziata.

Toutes ces villes se touchent et semblent n'en faire qu'une seule. A proprement parler, c'est Naples, qui sous divers noms, s'étend tout le long du golfe sur une longueur de quinze à vingt kilomètres. Ces diverses agglomérations sont reliées entre elles par de belles villas entourées de jardins. Les coupoles de

ciment qui servent de toiture aux maisons, leur
donnent un aspect tout à fait mauresque ; les murs
blancs, la mer d'un bleu foncé, une végétation toute
africaine, et le soleil qui inonde tout d'une éclatante
lumière, complètent l'illusion.

De distance en distance, une coulée de lave refroidie, partant des flancs du Vésuve pour aller
plonger dans la mer, vient rappeler les terribles
éruptions qui ont enseveli Herculanum il y a dix-
huit siècles, et détruit Torre del Greco il y a à peine
vingt ans. On blâme l'imprudence des habitants qui
reconstruisent toujours à la même place, en se servant de la lave à peine refroidie sous laquelle est
ensevelie leur habitation, pour s'en bâtir une nouvelle. Ils ne réfléchissent pas que celle-ci est fatale-
ment destinée à devenir à son tour la proie du
volcan ! N'ont-ils pas une excuse ? Ce pays est si
beau !

Ces charmantes bourgades ont toutes leur petit
port. De Naples à Castellamare, ce ne sont que barques, bateaux de pêche, petits navires à l'ancre. La
patrie de Masaniello est toujours le pays des pêcheurs.

En passant à Torre Annunziata, nous voyons la
ville et tous les navires du port pavoisés comme
dans un jour de fête. Nous nous demandons quelle
peut bien être la cause de ce déploiement de pavil-
lons. Nous nous faisons la réflexion que le nom
de Torre Annunziata pouvait avoir quelques rapports
avec l'Annonciation. Nous étions au lendemain de
cette fête, qui avait été remise de huit jours à cause
de sa coïncidence avec la solennité de Pâques. De

déduction en déduction, nous en arrivons à conclure que Torre Annunziata devait célébrer sa fête patronale. Une de nos voisines de wagon nous entend faire cette supposition. Immédiatement, et avec l'aplomb d'une personne très bien renseignée, elle s'empresse de donner cette raison comme positive à des Anglaises qui comme nous se demandaient pourquoi tant de drapeaux. Les miss écrivent la chose sur leurs carnets de voyage, et tout Albion saura que Torre Annunziata se pavoise en l'honneur de l'Annonciation. Le soir même, nous apprenions à Castellamare, que Torre Annunziata était en fête à cause de la visite du ministre de la marine. Voilà pourtant comme on écrit l'histoire !

Nous arrivons enfin à Castellamare. Costa nous attendait à la gare. Notre logement était à deux pas. Au bout de quelques minutes, nous étions délicieusement installés à l'hôtel Stabia.

Cet hôtel (ce palais devrais-je dire), au bord de la mer, est habité pendant la saison par les personnes qui viennent à Castellamare pour y prendre les bains de mer ou les eaux sulfureuses si renommées. Impossible de rêver une plus charmante situation. Nos fenêtres donnent sur la mer. Nous sommes au fond du golfe, que nous voyons tout entier, enfermé par les collines qui l'entourent, comme par les gradins d'un immense amphithéâtre. A gauche, les montagnes et le cap Sorrente : devant nous, la mer, d'un bleu étrange, sur laquelle les îles de Capri, Procida, Ischia, se découpent à l'horizon. A droite, et un peu en arrière, le Vésuve dont nous sommes assez près pour distinguer les moindres

détails; tout le rivage du golfe; Torre Annunziata,
Portici, Naples, que nous voyons distinctement;
puis, les collines du Pausilippe, et enfin le cap Misène. Tout cela, éclairé par cette lumière qu'on ne
voit pas autre part, offre un coup d'œil enchanteur.

Il n'y a rien de beau comme le golfe de Naples.
Tous les poètes l'ont assez chanté pour que je me
dispense d'accorder ma lyre, et d'essayer aussi d'en-
tonner une ode. J'aime mieux rentrer dans le
domaine du positif pour dire, qu'à tous ces agré-
ments, l'hôtel Stabia joint encore celui d'être d'un
bon marché extraordinaire. J'ai fait souvent cette
remarque en Italie, c'est que l'élévation des prix
des hôtels est en raison inverse du bien-être qu'on
y trouve. Nous sommes presque seuls avec nos
amis dans l'hôtel; la saison n'est pas encore venue
où les étrangers affluent à Castellamare. Comme
nous allons nous reposer de la cohue de la Minerve!

Quelle charmante ville que Castellamare! Mais,
est-ce bien une ville, malgré sa population de vingt
mille âmes? C'est plutôt une agglomération de villas
et d'hôtels, capricieusement groupés sur la plage
et sur les collines, autour d'un petit village de pêcheurs. Autrefois, avant l'éruption qui détruisit
Stabia et Pompéï, l'emplacement où elle est bâtie
était occupé par la mer. Elle est adossée aux montagnes qui la séparent d'Amalfi et de Salerne. Ces
montagnes sont couvertes de belles forêts, et parse-
mées de charmantes villas. Le château de Quisisana,
naguère résidence royale, se remarque entre toutes
ces habitations.

La plaine qui s'étend depuis la ville jusqu'au pied

du Vésuve, est traversée par le Sarno. Le sol, d'une fertilité extraordinaire, est formé par les cendres du volcan qui recouvrent l'antique Stabia; Pompéï est à peine à trois kilomètres. La mer est bordée d'un très beau quai, ombragé d'une avenue de platanes, et séparé en deux parties par un charmant square.

Les rues de la vieille ville sont étroites; le port marchand et le port militaire sont spacieux, et peuvent recevoir d'assez grands navires. Toutes les églises sont modernes : la cathédrale est belle, et est ornée de fresques et de peintures qui ne sont pas sans mérite.

Castellamare possède de nombreux couvents et plusieurs colléges, dont les élèves, comme dans presque toute l'Italie, portent le costume ecclésiastique. La couleur de la soutane est différente dans chaque établissement; aussi rencontre-t-on dans les rues une quantité de petits abbés au biberon, de petits chanoines violets, voire même de petits cardinaux en soutane rouge, qui par leur âge et leur taille, paraissent plus faits pour recevoir le fouet, que pour pontifier dans une église.

Le jour même de notre arrivée, à l'occasion des obsèques d'un officier de marine d'un grade élevé nous avons pu juger de la pompe avec laquelle se font les cérémonies funèbres : outre le cortége officiel des autorités, des marins et des troupes, il y avait un nombreux clergé, beaucoup de religieux de divers ordres, des congrégations, des confréries de pénitents de toutes couleurs, et un immense concours de peuple. Le corps, reposant sur un cata-

falque très élevé, recouvert de velours rouge
galonné d'or, était porté par des matelots. Cette
cérémonie avait un caractère profondément religieux, et la foule y assistait, sinon avec un calme
recueilli qui n'est pas dans les mœurs de ce peuple,
du moins avec une foi et une piété que nous ne
sommes pas habitués à trouver chez nous en
pareille circonstance. Ces gens là prient ; à leur manière, c'est vrai ; mais enfin ils prient.

A force de visiter des monuments et des musées,
quelque splendides qu'ils puissent être, à force de
fouler le pavé des grandes villes, il arrive un moment où on éprouve une certaine fatigue, où les
sens sont en quelque sorte émoussés et où l'esprit
a besoin de se trouver dans un atmosphère plus
plus calme, pour pouvoir se détendre après l'attention soutenue qu'il s'est imposée. Castellamare est
bien l'endroit où il faut aller chercher cette diversion
nécessaire, et le P. Brichet nous avait bien con-
seillés. Avec le spectacle d'un pays enchanté, nous
y avions ce calme qui repose les sens, et qui ne tarde
pas à faire disparaître toute lassitude.

Nous passons notre première journée à errer un
peu à l'aventure dans la ville et dans les environs,
au milieu de bois de myrte et de jardins d'orangers.
Après avoir visité la ville et le port, nous suivons
une route, qui, en grimpant sur le flanc de la montagne, nous conduit à l'église et au couvent de Puz-
zano. Près de là, entourant une croix de pierre monumentale, est une grande plate-forme qui domine
la mer, et d'où on a une vue magnifique. Chemin
faisant, nous voyons dans un creux de rocher, une

antique Madone, avec cette inscription, charmante
dans sa naïveté, qui invite les passants à la prière :
« *Tibi non sit grave, dicere ; Mater ave.* »

Pendant que nous flànions sur le quai, je fus
abordé par un individu, qui, avec une volubilité
toute napolitaine, se mit à m'expliquer, dans un
patois moitié français, moitié italien, qu'il était
« *le garçone d'il signor Marchese, il mio amico.* »
Je finis par comprendre que Costa avait pris à son
service cet original avec ses trois ânes, moyennant
quatre lires par jour. Étant le « *garçone* » de mon
ami, il voulait être aussi le mien, et venait se mettre
à notre disposition. Je n'ai jamais vu un type plus
drôle et plus amusant que le brave Giuseppe. Il
avait toujours quelque chose à nous raconter ; et il
le contait d'une façon si pittoresque, avec sa verve
de lazzarone, avec des gestes et une pantomime si
drôlatiques ! Ajoutez à cela la figure la plus singulière du monde, et des grimaces à faire pâmer.
Pendant notre séjour à Castellamare, Giuseppe se
multipliait pour nous être agréable. Il suffisait que
les uns ou les autres, nous pensions à avoir besoin
de quelque chose, pour que, comme par un coup
de la baguette d'une fée, nous vissions apparaître
Giuseppe, accompagné de *Macarone*, de *il Barone,*
et de *Culadetta*, ses trois compagnons à longues
oreilles. On dit que les Napolitains sont paresseux :
ils ne le sont pas pour le genre de besogne que nous
demandions à Giuseppe et à ses pareils. On dirait
que ces gens-là ont le génie de la domesticité, tant
ils mettent d'empressement à vous servir. Le plus
léger pourboire les rend heureux, et ils vous remer-

cient avec des effusions incroyables. Ils n'iront pas
boire à votre santé, comme en France; ils iront
simplement « *mangiare le macarone a la salute
de la Vestra Ezzellenza, et de tota la famiglia.* »

Le macaroni joue un grand rôle dans l'existence
des habitants de Castellamare. Je me suis souvent
demandé combien de kilomètres on en fabriquait
en un jour. Dans tous les coins, on voit les énormes
écheveaux qui sèchent sur des perches. On en rencontre des voitures chargées. Le macaroni, le soufre
et les oranges sont les grandes productions du pays.

J'espérais trouver encore, sinon à Naples, au
moins dans les environs, ces costumes pittoresques
que nous avons vu quelquefois, à Paris, porté par
des femmes et des enfants qui vont poser chez les
peintres. Hélas, il faut aller les chercher à Paris,
autour du Luxembourg, et à Rome, dans les environs de la villa Médicis. Dans la banlieue de Naples,
les femmes sont toutes coiffées de leurs cheveux,
que du reste, elles ont superbes. Là, comme partout,
toute couleur locale tend à disparaître. Cela peut
réjouir ceux qui rêvent la fusion et l'unification des
peuples; pour moi, je constate avec un sentiment
presque douloureux ce nivellement qui s'opère.
J'admets jusqu'à un certain point que ce soit autre
chose que le costume qui fasse distinguer un gentilhomme d'un prolétaire; mais je voudrais qu'on
puisse reconnaître un Italien d'un Russe; un Espagnol d'un Égyptien : maintenant, tous les peuples
se font habiller à la Belle Jardinière.

Les fiacres de Castellamare sont de jolis paniers
attelés de petits chevaux, ou d'ânes superbes, qui

courent comme de véritables cerfs. La singularité
de leur harnachement tout garni de cuivre, les longues plumes de faisan qui se dressent sur leur bride
entre leurs oreilles, la vivacité de leurs allures, leur
donnent un cachet à part. Les ânes surtout méritent
une mention spéciale : ils remplacent avantageusement les chevaux. Beaucoup de voitures de maître
sont attelées avec des ânes, et on déploie dans ces
équipages tout le luxe espagnol des cuivres et des
sonnettes, toute la fantaisie mauresque des pompons
et des broderies. Je me souviens d'une charmante
victoria, attelée de deux magnifiques ânesses, blanches comme du lait, harnachées de maroquin rouge
semé de clous dorés, volant plutôt qu'elles ne trot-
taient, et portant leur tête empanachée aussi fièrement que pourrait le faire le plus beau des descendants de Vermouth ou de Gladiateur. Cet attelage
aurait fait sensation dans l'avenue des Champs-
Élysées.

Le soir, le décor change, mais la scène est peut-
être encore plus belle. C'est à passer la nuit sur
notre balcon. Nous n'avons plus, il est vrai, la lumière éclatante du soleil ; mais ces nuits du Sud
sont si resplendissantes ! Le ciel n'est pas sombre
comme chez nous, mais d'un beau bleu foncé, qui
n'empêche pas de voir au loin, et sur lequel tranche
merveilleusement la lumière des étoiles. Le golfe
est rempli de barques qui pêchent, et leurs feux
semblent d'autres étoiles descendues pour se baigner
dans la mer. Toutes les lumières de Naples et des
villes du littoral viennent donner leur note dans
cette illumination, et voilà que le Vésuve se met

aussi de la partie. De temps en temps, une flamme d'un rouge sombre s'élève de son cône avec une sourde détonation, et sur son flanc, comme un long serpent de feu, on voit se dérouler la lave qui sort du petit cratère. L'effet produit pendant la nuit par cette lave d'un rouge ardent peut très bien se comparer à la coulée de métal en fusion qui s'échappe d'un haut fourneau.

Tous les soirs même illumination, même spectacle féerique. Il fallait appeler à notre aide tous les arguments de la raison pour nous décider à quitter notre balcon, et à gagner prosaïquement nos lits. Je ne suis même nullement sûr de ne pas m'être levé quelquefois, pour aller jeter encore un regard sur le volcan, dont la lueur intermittente illuminait par instants ma chambre tout entière.

Le Vésuve, qui pendant plusieurs années, s'était conduit comme un volcan honnête et modéré, donnait depuis quelque temps des signes d'impatience et de colère. Cette recrudescence n'a-t-elle pas quelques rapports avec la catastrophe épouvantable qui, au moment même où j'écris ces lignes, vient de détruire l'île d'Ischia? Aux savants à décider cela; en tout cas, elle arrivait à point pour nous offrir un magnifique spectacle pendant notre trop court séjour à Castellamare : nous bénissions le P. Brichet de nous y avoir envoyés. Nous n'aurions pas vu tout cela de notre fenêtre, si nous avions logé à Naples.

X

POMPÉÏ ET LE VÉSUVE

Castellamare menaçait de devenir pour nous une nouvelle Capoue; mais nous avions tant de choses à voir qu'il fallut bien nous arracher à ses délices. Notre première visite fut pour Pompéï, dont nous étions séparés seulement par trois kilomètres. Nous traversons la plaine entièrement cultivée en légumes: mon Dieu, que peut-on faire de tant d'artichauts! Nous passons le Sarno, et nous voici arrivés.

Qui se douterait qu'il y a là une ville? les cendres et la pierre ponce pulvérisée qui recouvrent Pompéï, forment au milieu de la plaine une légère éléva-tion dont le contour affecte la forme de l'enceinte de la ville, et dont les talus, très inclinés, et élevés seulement de quelques mètres au-dessus du niveau moyen du sol qui les environne, sont peu visibles quand on les regarde d'une certaine distance.

On descend à une auberge construite au pied du talus. A quelques pas, se trouve la maison des gar-diens : nous entrons par un tourniquet; nous suivons une allée sablée bordée de fleurs, et tout à coup, à un brusque détour du chemin, nous nous trouvons en face d'une porte de ville, donnant accès dans une rue en pente, bordée de maisons auxquelles il ne manque que la toiture. A droite, est un musée où on a réuni quelques objets découverts dans les fouilles ; mais les plus précieux ont été transportés au musée de Naples : n'aurait-il pas mieux valu laisser chaque chose à sa place, et faire de Pompéï tout entière un gigantesque musée ?

Au milieu de choses fort curieuses, j'ai remarqué des moulages en plâtre, coulés dans les moules naturels formés sur les cadavres même, par la cendre coagulée et durcie dans laquelle ils étaient ensevelis. Ils ont conservé l'attitude et l'expression qu'ils avaient au moment où la mort les a surpris. Nous voyons du pain trouvé dans le four d'un boulanger, du grain carbonisé, mais ayant conservé sa forme, des poteries, des ustensiles divers, des bijoux.

Nous suivons la rue : elle nous conduit à la basilique, entourée d'un portique de belles colonnes. Vis-à-vis, est le Forum Civile, bâti sur le plan de tous les forum latins : à chacune de ses extrémités, s'élèvent des arcs de triomphe. Nous arrivons à des thermes où nous voyons des bas-reliefs et des peintures admirables de conservation.

Nous visitons plusieurs maisons : presque toutes les habitations de Pompéï ont l'air construites sur un plan uniforme : de chaque côté de l'entrée principale, se trouvent des boutiques, placées comme le sont les magasins qui occupent le rez-de-chaussée des maisons de Paris. Les propriétaires les louaient,

ou bien y faisaient vendre par des esclaves les produits de leurs récoltes (huile, vin, fruits, etc.). On
entre par l'atrium ; puis, vient le péristyle, autour
duquel étaient disposées les chambres à coucher, et
où le maître de la maison recevait les étrangers ; ensuite, le triclinium, ou salle à manger ; le xystus,
petit jardin microscopique sur lequel s'ouvraient les
appartements des femmes : au milieu du péristyle,
l'impluvium, bassin qui recevait l'eau du ciel. Pas
très commodes au point de vue de nos mœurs modernes, les maisons de Pompéï ! Toutes les pièces
sont fort petites, pas une maison n'est pourvue de
cheminées. Presque dans toutes, une petite pièce
est réservée pour les dieux Lares ; presque partout,
des sculptures et des appartements décorés de fresques. Nous visitons la maison de Pansa, la plus
grande de Pompéï ; la maison de Salluste, où nous
admirons une remarquable peinture représentant
Diane et Actéon ; la maison du Faune, avec son bel
atrium ; la maison du chirurgien ; nous voyons des
boulangeries, des pharmacies, des boutiques diverses.

Après avoir vu le temple de la Fortune, nous nous
dirigeons vers les deux théâtres, dont l'état de conservation nous permet d'apprécier l'aménagement.
Tout auprès, est le quartier des soldats, où nos officiers du génie feraient peut-être bien d'aller chercher des inspirations quand ils veulent se mêler de
bâtir des casernes. En passant, nous nous arrêtons
devant le temple d'Isis, entouré d'une superbe colonnade. Notre guide nous fait remarquer un escalier dérobé établissant une communication entre le

temple et un appartement où se retiraient les prêtres. Il appelle cela la sacristie, ce qui nous amuse beaucoup.

Nous rejoignons la rue de la Fortune, où nous voyons encore des thermes plus beaux que les premiers que nous avions visités. Nous revenons au Forum : nous visitons le temple de Vénus, le temple d'Auguste, ou Panthéon, et nous prenons la rue d'Herculanum, qui nous conduit à la rue des Tombeaux, la plus belle de Pompéï.

La rue des Tombeaux se trouve en dehors de la porte fortifiée d'Herculanum, remarquablement conservée. Le soldat qui y était de garde au moment de l'éruption, a été retrouvé dans sa guérite, sa pique à la main, gardant une attitude militaire. Encore un martyr de la consigne et du devoir. Quand nos braillards démagogues viennent nous dire que la discipline et l'esprit militaire abrutissent les hommes et aplatissent les caractères, qu'ils songent un peu à ce soldat obscur et inconnu, qui sans broncher, attendit à son poste une mort inévitable, tandis que tout fuyait autour de lui! « *Et nunc erudimini*, Thibaudins et Labordères! »

La rue des Tombeaux est plus spacieuse que celles de l'intérieur de la ville. Elle se dirige sur Herculanum et sur Naples. Ses larges trottoirs sont bordés de tombeaux dont quelques-uns sont assez remarquables. Elle est à Pompéï ce que la voie Appienne était à Rome. Tout près de la porte d'Herculanum, on voit une auberge, dans laquelle on a retrouvé des squelettes de chevaux. De distance en distance, sont espacées d'élégantes villas dont la plus belle est la

maison de Diomède, la seule maison de Pompéï qui
eut trois étages; elle contient un jardin intérieur
assez vaste, des bains et des appartements luxueu-
sement décorés.

Les rues de la ville sont droites, très étroites, et
bordées de trottoirs très élevés. On voit encore les
traces profondes que les roues des chars ont impri-
mées sur le pavé. Dans beaucoup d'endroits, les inscriptions écrites à la main sur les murailles, soit au
charbon soit à la pointe, se lisent encore très facilement. Ce sont des programmes de spectacles, des
réclames, des affiches électorales. Parfois des saillies, des épigrammes, et des lazzis écrits par les
passants nous montrent que le peuple d'alors ressemblait beaucoup au peuple d'aujourd'hui; des
siècles ont passé sur ces inscriptions; on dirait
qu'elles datent d'hier.

Nous revenons nous asseoir dans le Forum, et
contempler à notre aise l'ensemble de cette ville
sortie des cendres qui la recouvraient depuis dix-
huit cents ans. On croirait qu'on va assister à une
réédition du reveil de la Belle au Bois Dormant.
Quand on est assis au fond de la basilique, d'où le
regard se perd dans cette enfilade de colonnes for-
mées par le Forum, par la maison du Faune, par
les temples de Vénus et d'Auguste, et qu'on voit
ces ruines, qui ne sont pas des ruines, éclairées par
un soleil ardent qui leur donne une couleur étrange,
on se croit transporté au temps de la splendeur de
Pompéï, sous le règne de Tibère; on revit de la vie
des anciens; on feuillette ce livre de pierre si intéressant et si instructif: on voudrait voir se promener

sous ces portiques des Romains en toge, des dames
se rendant aux thermes en litière. Mais tout cela
est bien mort! pas un bruit ne vient troubler le silence de cette solitude : on aperçoit, encadré par
l'ouverture d'un arc de triomphe, le Vésuve qui a
détruit tout ce qui nous entoure et qui domine de
sa hauteur colossale tout ce qu'il a renversé; et on
se dit que cette ville de plaisir, rendez-vous de
toutes les élégances de l'époque, a été détruite en
quelques instants comme Sodome et Gomorrhe, ensevelie toute vivante, avec ses habitants, surpris par
la mort, peut-être au milieu d'une fête, et qu'il a
fallu dix-huit siècles pour retrouver la place qu'elle
occupait ! quelle leçon !

Le lendemain, nous faisons l'ascension du Vésuve :
nous avions retenu un des guides assermentés qui
y conduisent les touristes, et l'indispensable Giuseppe avait été chargé de s'entendre avec lui pour
organiser l'expédition. Nous montons en voiture à
notre hôtel; nous traversons le gros village de Bosco
Trecase, et à travers les vignes, les riches cultures
d'un pays d'une incroyable fertilité, nous arrivons à
Bosco Reale, autre village situé au pied du volcan.

Nous trouvons là notre guide, avec deux petits
chevaux destinés à Costa et à moi. Giuseppe, avec
ses trois aliborons, s'est chargé de transporter ces
dames. Voilà notre caravane en route : nous commençons l'ascension. Le chemin est bordé par les
vignes qui produisent le fameux vin de Lacryma-
Christi. Nous montons par une pente assez douce
pendant une bonne demi-heure, puis nous arrivons
dans des terrains désolés, sans aucune végétation,

couverts d'une couche de cendre dans laquelle nos montures enfoncent jusqu'au jarret. De temps en temps, le sol paraît plus ferme : c'est une coulée de lave, ou bien un amas de scories lancées par le volcan, et dont quelques-unes fument encore. Nous montons péniblement : le guide et Giuseppe trottinent à côté de nous, et n'ont pas l'air de s'apercevoir de la difficulté du chemin. Enfin nous arrivons à une espèce de plate-forme au milieu des laves et des scories. C'est là que nous devons faire halte et laisser nos montures qui ne peuvent pas aller plus loin. Des lazzaroni, qui se tiennent en permanence à cet endroit, les garderont jusqu'à notre retour.

Nous déjeunons rapidement, puis nous entrons dans l'ère des grandes difficultés. Une bande de lazzaroni nous entoure, nous sommes désormais leur chose, leur propriété, exactement comme autrefois les voyageurs étaient celle des brigands des Abruzzes et de la Calabre, jusqu'à ce qu'ils eussent payé rançon. Ils nous offrent leurs services pour nous aider à monter : ils veulent nous hisser dans leurs portentines, espèce de chaises à porteurs des plus primitives.

Madame de Costa est livrée la première entre leurs mains : nous, qui croyons avoir bon pied, bon œil, nous prétendons n'user que de nos propres forces. Mais cela ne fait pas l'affaire de nos bandits : ils nous entourent, agitent autour de nous les cendres brûlantes, nous étouffent littéralement, de façon qu'au bout de quelques minutes d'ascension sur une pente d'au moins trente-cinq degrés, nous ne pouvons plus respirer, et qu'il faut nous résigner à nous laisser, qui porter, qui traîner par ces drôles. Un d'entre eux passe sur son épaule une corde à laquelle est attaché un bâton ; nous saisissons le bâton à deux mains, et le gaillard nous donne la remorque, pendant qu'un de ses camarades nous pousse par derrière, souvent à contre-temps. A chaque temps d'arrêt, il faut faire ce qu'ils appellent « *la libation* » : ils se sont munis de nombreuses bouteilles de lacryma-christi ; il faut boire ; et la cendre qui nous remplit le gosier ne nous fait pas trouver ce procédé le moins du monde désagréable. Il va sans dire que, quand nous avons avalé une gorgée, ils s'empressent d'achever la bouteille ; mais pour rien au monde, ils ne boiraient avant que nous n'ayons d'abord dégusté leur nectar.

Nous arrivons au petit cratère : nous avons une vue magnifique. Le regard plonge sur les villes du littoral, qui se mirent dans le golfe comme dans un immense miroir d'émail bleu. A nos pieds, Pompéi, et la riche vallée du Sarno. La lave en fusion sort lentement du cratère, sous la forme de gros cylindres qui descendent comme des serpents en se tordant dans la cendre, et ne s'arrêtent que quand ils sont assez refroidis pour se solidifier. Cela ressemble à de gigantesques macaronis, selon l'expression pittoresque de Giuseppe.

Nous marchons sur la lave incandescente ; nos chaussures brûlent : de temps en temps une flamme verdâtre se fait jour à travers les scories ; la robe d'une de ces dames prend feu : un de nos hommes s'arme d'une pincette énorme, sorte de moule à gaufres placé là *ad hoc,* la plonge dans la lave en fusion, et nous moule séance tenante des médaillons représentant la silhouette d'il signor Palmieri, directeur de l'observatoire du Vésuve, avec la date 1883. La chaleur est étouffante; nous ne pouvons plus respirer : il faut s'éloigner de cet endroit terrible.

Après une seconde libation, nous recommençons à gravir le cône. Nous sommes jusqu'aux genoux dans la cendre chaude; nous sentons nos chaussures rôtir à nos pieds; nous mèneront-elles jusqu'au bout? il y a bien près d'une heure que nous montons, et ce diable de sommet nous paraît toujours aussi éloigné.

Tout en étant extrêmement fatigante, cette ascension n'est nullement périlleuse : si on tombe, on ne peut se faire aucun mal, ni même rouler bien loin, car on marche dans un lit de cendres de plusieurs mètres d'épaisseur.

Après plusieurs libations, car c'est ainsi qu'on nomme tous les temps d'arrêt, nous arrivons enfin au sommet. Nous voici au bord du grand cratère, et le spectacle incomparable dont nous jouissons, nous dédommage amplement de nos fatigues. Nous venons de voir à Venise et à Rome les plus magnifiques chéfs-d'œuvre produits par la main des hommes; nous avons admiré le golfe de Naples, le site le plus beau qui soit dans la nature; rien de tout cela n'est comparable au cratère du Vésuve, quand le Vésuve veut bien, comme aujourd'hui, faire à ses visiteurs la galanterie d'être un peu nerveux et de manifester quelques velléités de colère.

Nous sommes sur le bord d'un immense entonnoir

dont nous ne pouvons guère apprécier la profondeur : au fond de cet entonnoir est un gouffre d'où s'échappent des flammes de toutes couleurs qui se reflètent dans des nuages de fumée. De temps en temps retentissent des détonations qui me rappellent celles des mitrailleuses; alors la colonne de flamme s'élève à des hauteurs prodigieuses, et le volcan lance une véritable mitraille de pierres ponces, de scories enflammées, qui montent encore plus haut que la flamme et que la fumée. La plupart retombent dans le gouffre qui les a vomies; d'autres décrivent une parabole et viennent tomber jusqu'à nos pieds. Nous y enfonçons un bâton, il prend feu. Notre guide nous fait changer de place, car la moindre modification dans la direction du vent peut amener sur nos têtes cette pluie de matières enflammées dont quelques morceaux pèsent plus de cent livres; en outre, les gaz qui s'échappent du volcan sont dangereux. Nous sommes obligés de nous couvrir la bouche avec nos mouchoirs, et d'aller de temps en temps respirer sur la pente extérieure du cône.

Le cratère et ses abords sont tapissés de matières sulfureuses aux couleurs les plus vives et les plus brillantes, qui vont en se dégradant depuis le brun rouge jusqu'au jaune citron, avec des nuances qui varient du vert foncé au bleu d'azur. Ces matières affectent dans leur entassement les formes les plus bizarres. Ici, elles sont amoncelées en blocs énormes comme des rochers, là, elles recouvrent la cendre comme une fine poussière.

Petit à petit, nous faisons le tour du cratère : nous

avançons du côté qui regarde Naples : à nos pieds, nous voyons l'observatoire et le chemin de fer funiculaire qui amène les curieux à quelques centaines de mètres au-dessous de l'endroit où nous sommes. Nous tournons le dos au volcan pour admirer cet immense panorama de Naples et de ses environs : par-dessus les collines du Pausilippe, nous apercevons Cumes, Baia et la Méditerranée ; en nous tournant à droite, nous voyons près de nous la Somma, partie du Vésuve séparée du cône par une profonde crevasse ; au pied du mont, toute la plaine fertile qui s'etend depuis le Vésuve jusqu'à Naples ; la vue se prolonge sur les Abruzzes, jusqu'au-delà de Capoue. Plus à droite, les montagnes de Nola; du côté où nous sommes montés, la vallée du Sarno, limitée par les montagnes qui s'étendent depuis Nocera jusqu'au cap Sorrente; enfin, Pompéï, la mer, Torre Annunziata, Castellamare. Que c'est beau ! que c'est beau ! et combien les plus belles productions du génie des hommes paraissent peu de chose à côté de ces manifestations de la puissance du Sublime Artisan ! Que l'homme se sent petit, en face de ces phénomènes terribles, de ces monstruosités grandioses.

Notre guide trouve que le volcan offre quelques symptômes peu rassurants : il examine le vent, l'atmosphère, et finit par donner le signal du départ. Nous quittons à regret ce spectacle unique au monde, et après une nouvelle libation, nous nous mettons en route pour redescendre.

La descente est loin d'être aussi pénible que la montée : comme on est planté jusqu'aux genoux dans la cendre, on ne court pas risque de descendre trop vite. En montant, on est trop fatigué, trop asphyxié, pour remarquer le plaisant coup d'œil que présente une caravane de touristes; en descendant, on n'a plus qu'à se laisser aller, et on peut faire ses observations à loisir. Madame de Costa ouvre la marche dans sa portentine; la bande de nos lazzaroni, satisfaite de nombreuses libations bien payées, descend gaiement devant nous : deux d'entre eux poussent l'amabilité jusqu'à offrir leur bras aux dames, et nous rions à nous tordre en voyant nos filles au bras de ces Fra-Diavolo déguenillés qui affectent les airs et les manières du grand monde. Il ne nous manquait qu'une cornemuse pour avoir l'air d'une noce de village. Le guide et Giuseppe voltigent sur les flancs de la colonne, et surveillent un peu tout le monde. Les guides assermentés ont une grande autorité sur les lazzaroni du Vésuve; ils se chargent de régler les frais des porteurs et des libations, et au besoin, de rappeler à l'ordre les drôles qui seraient tentés de dépasser les bornes permises. Du reste, ils sont forts amusants, les lazzaroni du Vésuve.

Nous arrivons enfin à l'endroit où nos quadrupèdes nous attendent; mais, avant de les enfourcher, il faut passer par le fameux quart d'heure de Rabelais, et distribuer quelques sous à tout le monde. Celui-ci a monté au cratère les pardessus de nos excellences; celui-là en a descendu un morceau de soufre d'une belle couleur; l'autre y a transporté les châles des signorines; un autre a éteint le feu qui prenait à la robe de la signora; enfin un dernier a relevé ou rabattu les pantalons de nos excellences : comme nos excellences étaient satisfaites, elles furent généreuses, et on nous promit en chœur de « *mangiare le macarone à la nostra salute.* »

Nous rejoignons nos voitures à Bosco Reale, et le soir, nous rentrons à Castellamare, bien fatigués, couverts de poussière et de cendre, mais enchantés d'avoir vu d'aussi belles choses.

Je me demande comment font ceux qui prétendent, en une seule journée, visiter le Vésuve, Pompéï et le littoral? Voir tout cela le même jour, et le bien voir, me paraît impossible, même avec l'aide un peu prosaïque du chemin de fer funiculaire qui doit enlever à l'excursion une partie de son charme.

La cendre du Vésuve est tellement tenace que le besoin d'un bain se fait grandement sentir; mais Castellamare, ville d'eaux minérales et de bains de mer, ne possède d'autre établissement de bains que l'établissement thermal, ouvert seulement du 1er mai au 15 octobre, et gardé le reste de l'année par une vieille sorcière absolument incapable de préparer un bain, quand même elle comprendrait ce qu'on lui demande. Heureusement que la providence vient à notre secours sous les traits de Giuseppe : il s'empare de l'établissement, remplit d'eau d'immenses chaudières qu'il fait chauffer sur un feu de bois au milieu de la cour : quand l'eau est chaude, il vient nous chercher avec ses ânes : il remplit les baignoires. Si on le laissait faire, il pousserait le zèle jusqu'à vouloir servir de femme de chambre à ces dames; mais je ne puis l'empêcher de tirer mes bottes. Il se multiplie, il est à tout. Seulement, au dernier moment, nous nous apercevons qu'il nous manque une chose essentielle. Pas de linge! Nous trouverons peut-être des serviettes? mais des peignoirs pour ces dames? Giuseppe comprend : il part comme un trait, et revient quelques instants après apportant triomphalement... ses propres chemises! « *Le camiscie de Giuseppe per le signorine! Multo bianche, le camiscie de Giuseppe!!* Le pauvre garçon reste stupéfait en voyant son dévouement salué par un immense éclat de rire.

Malgré tout son zèle, Giuseppe ne laissait pas que de nous exploiter tant soit peu. Un jour, en réglant nos comptes avec lui, nous nous apercevons qu'il nous faisait payer cinq lires de trop. Pour s'excuser, il se contenta de faire une grimace aussi drôle que significative, et de nous dire d'un air convaincu : « *Che volete, essellenze, io sono si canaglie!* Il faudrait un Homère, pour chanter Giuseppe et ses exploits pendant notre séjour à Castellamare.

XI

NAPLES ET SORRENTE

Un jour, nous allons à Naples en voiture : la route de terre traverse les villes, ou plutôt les immenses villages baignés par le golfe : elle est moins agréable que le trajet par le chemin de fer. De Torre Annunziata à Naples, ce n'est qu'une rue interminable, bordée de hautes maisons ou de grands murs qui interceptent le regard, et ce n'est qu'en de rares endroits qu'on peut jouir de la vue de la mer ou de celle du Vésuve. En outre, comme tous les pays volcaniques, les environs de Naples sont le pays de la poussière, et nous arrivons au terme de notre voyage presque dans le même état où nous étions en descendant du Vésuve.

Toutes ces villes sont très animées : à chaque pas, des marchands ambulants, des voitures chargées de soufre ou d'oranges, attelées de mules ou de chevaux dont la sellette est surmontée de véritables monuments de cuivre ornés de statuettes de madones et de saints, agrémentés de sonnettes, et terminés par des girouettes qui tournent en grinçant à chaque mouvement de l'animal. Quelquefois on rencontre une longue charrette à deux roues, attelée d'un cheval à la tête empanachée, roulant à fond de train une douzaine de personnes, debout dans la voiture, qui se laissent traîner en chantant.

Après avoir traversé Portici, on arrive à la Spaggia della Marinella, avant-port marchand de Naples, rempli de navires de toutes les tailles et de toutes les nations. La route suit le bord de la mer, traverse la villa del Popolo, joli square planté sur la plage : nous passons devant le port proprement dit ; nous traversons une place remplie de théâtres forains et de baraques de saltimbanques, et nous arrivons à la piazza del Municipio, où nous laissons notre voiture, et où elle doit nous reprendre le soir.

Après avoir déjeuné « al Vermouth di Torino, » nous visitons la ville. Nous passons devant le célèbre théâtre de San Carlo, contigu au Palais Royal. La façade principale du palais donne sur la piazza del Plebiscito, tandis que de l'autre côté, il tient à des jardins magnifiques touchant à la mer. La place del Plebiscito affecte la forme d'une demi-circonférence dont le palais serait la corde ; elle est entourée d'une colonnade séparée en deux parties par une église. Au bout du palais, commence la rue dite Santa Lucia si chantée par les poètes populaires napolitains. A gauche, nous voyons l'arsenal et le port militaire. Au bout de la rue, le rivage s'infléchit brusquement à droite, et nous voilà sur la Chiaja, la célèbre promenade de Naples, rejointe au château de l'Œuf par une levée étroite. La Chiaja longe le bord de la mer pendant plusieurs kilomètres ; elle traverse un jardin public, la villa Réale, où nous visitons en passant l'Aquarium, qu'on dit être le plus beau du monde. La vue dont on jouit de cette promenade, est comme toutes les vues des rivages du golfe, admirablement belle. Nous avons tout près de nous le Pausilippe, le cap Misène, Ischia, et dans le lointain à gauche, le Vésuve, Castellamare, et le cap Sorrente. C'est la contre partie de ce que nous voyons de Castellamare. Nous continuons à suivre le bord de la mer jusqu'à Piedigrotta, rue qui nous conduit au tombeau de Virgile, et à la grotte du Pausilippe.

Chemin faisant, notre voiture est poursuivie par des marchands de corail et d'écaille, qui nous donnent pour vingt sous ce qu'ils nous ont d'abord fait dix francs, et par un moine, ou soi-disant moine, qui nous demande l'aumône sous les guenilles d'un habit de franciscain. Nous en trouvons encore un autre semblable à l'entrée de la grotte du Pausilippe. Ils me rappellent cette vieille romance intitulée « Moine et Bandit, » car leurs figures n'ont absolument rien de séraphique : du reste ce ne sont pas des religieux, ce sont des ermites qui n'ont de monacal que l'habit. C'est bien le cas de dire que « l'habit ne fait pas le moine. »

Le tombeau de Virgile n'offre rien de bien remarquable, sauf le superbe laurier-rose qui l'ombrage, et qui fut, dit-on, planté par Casimir Delavigne. J'avoue à ma honte, que je n'ai pas imité, — et pour cause, — la dévotion littéraire des fanatiques qui vont y réciter pieusement une églogue, ou un chant de l'Énéide.

J'en dirai presque autant de la grotte du Pausilippe, long tunnel creusé dans le tuf, il y a bien des
siècles, pour mettre Naples en communication avec
Pouzzoles, sans être obligé de gravir les pentes
abruptes des collines qui les séparent. De l'entrée de
la grotte part une voie nouvelle, le corso Vittorio
Emmanuele, magnifique boulevard qui s'élève en
serpentant sur le flanc de la colline du Vomero, d'où
on domine toute la ville, le golfe et les environs :
après plusieurs lacets, la route passe près des belles
villas Griffeo et Florida, longe les hautes murailles
du château Saint-Elme et de San Martino, ancien
couvent devenu prison militaire, et après avoir
laissé à droite l'hôpital de la Trinité, redescend pour
venir aboutir à la place delle Pigne, où se trouve le
musée Bourbon.

Nous avions déjà vu tant de musées, de si belles
statues et de si admirables tableaux, le temps était
si beau, la vue si magnifique, et nous avions tant
de plaisir à contempler le spectacle sans pareil qui
s'étalait devant nous éclairé par un radieux soleil,
que nous avons négligé de visiter le musée de Naples,
cependant si curieux. Qu'on me brûle comme hérétique ! mais je confesse que quand il fait si beau
dehors, et que je suis en présence d'une pareille nature, je deviens parfois réfractaire aux beautés artistiques : je ne laisserais pas la petite barque qui
traverse le golfe, et dont la voile blanche se détache
sur les montagnes de Sorrente, pour aller admirer
un Van-Dick ou un Raphaël. On se lasse des tableaux, mais on ne se lasse jamais de la mer, des
montagnes, et du soleil.

En passant, nous visitons Saint-Janvier, église cathédrale de Naples, beau monument gothique du treizième siècle. Nous sommes heureux de revoir du gothique; nous en avons tellement été sevrés à Rome! L'impression que l'ogive me produit peut se comparer à celle que cet Indien, amené à Paris, ressentit au Jardin des Plantes à la vue d'un arbre de sa patrie. « *Arbre de mon pays!* » s'écrie-t-il en embrassant le tronc qui lui rappelle tant de souvenirs! En vrai barbare du Nord, je m'accommode difficilement du style italien moderne; et puis le gothique est si bien approprié aux monuments religieux!

Nous retrouvons à Saint-Janvier la trace des occupations normande et angevine. L'intérieur a été restauré à différentes époques, et l'ensemble du monument s'en ressent un peu. Au-dessus de la porte principale, se trouvent les tombeaux de Charles d'Anjou, et de Clémence, reine de Hongrie. Sous le maître-autel, une crypte très curieuse, revêtue de marbres finement travaillés, contient le tombeau de saint Janvier : nous y remarquons une belle Vierge du Dominiquin. On doit aussi à ce grand artiste les fresques de la voûte du chœur, et les peintures sur cuivre qui ornent l'autel de la chapelle de saint Janvier, située à droite de la cathédrale. D'autres artistes célèbres, entr'autres Ribera et Lanfranc, ont contribué à la décoration de cette chapelle, dans laquelle se fait deux fois par an, au 8 mai et au 19 septembre, le miracle de la liquéfaction du sang du saint martyr. Nous avons vu les tubes de verre qui le contiennent. A gauche du maître-autel, se trouve la chapelle Capèce Galeotta, curieux spécimen du style gothique. Dans une autre chapelle, nous remarquons une belle Assomption du Pérugin, puis, çà et là, quelques tombeaux du Moyen Age.

La basilique Santa Restituta, autrefois cathédrale de Naples, communique avec la cathédrale actuelle, dont elle est maintenant une dépendance. J'y remarque une ancienne mosaïque représentant saint Janvier et sainte Restituta,. et quelques vieilles peintures très curieuses.

Nous visitons aussi Santa Chiara, sorte de panthéon de la maison d'Anjou : cette église est pleine de tombeaux aussi intéressants au point de vue de l'histoire qu'au point de vue de l'art : les plus curieux sont celui de la fameuse Jeanne Iʳᵉ dont l'épitaphe nous indique les crimes et le châtiment, et celui de sa sœur Marie. La chaire, du douzième siècle, est un ouvrage remarquable. L'église est attenante à un couvent avec lequel elle communique par un beau cloître ogival, et dont le réfectoire est décoré de fresques superbes.

Le château royal de Capo di Monte, construit sur le haut d'une colline, domine la ville à l'est. Au pied de cette colline, se trouvent des fabriques de majolique, dont les produits, véritablement artistiques, sont justement renommés.

Les rues de Naples sont droites, mais fort étroites. La hauteur des maisons, tout à fait hors de proportion avec la largeur des rues, produit un singulier effet : en y entrant, on dirait qu'on pénètre dans un tunnel à l'extrémité duquel l'œil aperçoit la lumière. La rue de Tolède, la rue de Rome, la rue Médina, la place San Carlo, ressemblent aux rues de Paris, et sont fort animées. Elles sont bordées de beaux magasins, où on trouve tout ce qu'on peut désirer. Presque partout on parle français à Naples.

Une des plaies de cette ville si attrayante, ce sont les mendiants, les facchini, les lazzaroni, et ce qu'on nomme les domestiques de place. Ce qu'on a de mieux à faire pour se débarrasser de leurs importunités, c'est de traiter cette lèpre par le système homéopathique (*Contraria contrariis curantur*), et d'accepter de suite les services de celui dont la figure vous revient le plus. Celui-là vous délivre des autres. Je me souviens que, voulant prendre une voiture, nous nous approchons d'une de celles qui étaient rangées sur la place : immédiatement, un de ces lazzaroni saute sur le siége et s'installe à côté du cocher. Nous l'y laissons, et nous nous dirigeons vers un autre véhicule; même manége : enfin au troisième fiacre, je demande à cet individu pourquoi il prétend s'installer sur une voiture que je veux prendre. Il me répond sans sourciller qu'il est le frère du cocher. Probablement, les deux premiers étaient aussi ses frères. Quelle famille ! Du reste, il nous fut fort commode et nous amusa beaucoup avec son bavardage. Ces gens-là mettent en pratique à leur manière la théorie du droit au travail; mais ce n'est pas ruineux : avec quelques sous, on est très généreux à Naples, et si on va jusqu'à la pièce blanche, on passe pour un prince qui voyage incognito. Par exemple, il ne faut pas avoir l'air d'un Anglais, car pour les lazzaroni napolitains, l'Anglais, c'est l'ennemi, c'est le contribuable taillable à merci. Avis à nos anglomanes.

Un autre jour, nous avons assisté à Naples au retour des courses. Beaucoup de Daumonts, de voitures à deux et à quatre chevaux attelées d'une manière plus ou moins originale. Les toilettes des dames étaient de véritables arcs-en-ciel : des blanches, des jaunes, des bleues, des rouges ! et des chapeaux ! ! une vraie débauche de couleur, la palette de Paul Véronèse ! Du reste, la couleur ne fait pas mal sous le soleil de Naples, et ce qui paraîtrait criard à Paris, n'est ici qu'un peu trop chaud de ton.

Le chemin de Castellamare à Sorrente laisse bien loin derrière lui les sites les plus pittoresques et les plus vantés. Je le préfère à la route de la Corniche.

Au sortir de Castellamare, la route s'élève graduellement sur le flanc de la colline rocheuse dont elle suit toutes les anfractuosités. Elle contourne toutes les petites anses, toutes les petites baies par lesquelles la mer vient s'enfoncer entre les rochers. De temps en temps, tout près de la plage, on voit dans le bleu du golfe des taches jaunes, dont la couleur se fond petit à petit avec celle de la mer. Ce sont des sources sous-marines d'eau sulfureuse, grâce auxquelles les bains de mer de Castellamare joignent les propriétés bienfaisantes des eaux des Pyrénées aux vertus toniques de l'eau salée.

Le golfe est sillonné de barques de pêche, de navires de toute espèce. Les rochers qui surplombent la route sont tapissés de giroflées qui fleurissent sans culture. Les montagnes sont couronnées de forêts de pins ; les oliviers, les citronniers et les orangers couvrent les petites vallées d'une végétation luxuriante, et laissent pendre jusque sur la route leurs branches chargées de fruits.

Nous traversons de charmants villages; Vico Equense, dans une situation des plus pittoresques, sur une colline d'où nous voyons le hameau de Marina di Sejano, avec son petit port rempli de barques. La côte est couverte de villas dans des sites ravissants. Nous franchissons un ravin profond sur un viaduc, nous grimpons une pente assez rapide, et nous voici au point culminant de la route : En arrière nous voyons tout le chemin parcouru depuis Castellamarre; devant nous, la côte jusqu'au-delà de Sorrente, ce point de vue est vraiment féérique.

Nous descendons à Méta, jolie bourgade entre deux ports de pêcheurs très animés; nous passons encore un ravin sur un pont; nous traversons Garotto, Pozzo Piano, San Agnello, et nous arrivons enfin à Sorrente.

J'aime mieux Sorrente de loin que de près. De la hauteur où nous l'avions découverte, on la voit tout entière, au milieu d'un immense jardin, s'étalant dans une petite plaine qui domine de très haut la mer. Au contraire, quand on est entré dans la ville, on est emprisonné dans une interminable rue, bordée de maisons ou de grands murs qui empêchent de jouir de la beauté du site.

Nous descendons de voiture à la Piazza Maggiore : aucune église remarquable, aucun monument digne d'être mentionné. Sorrente est assez belle par sa situation pour n'avoir pas besoin d'être embellie. Nous allons à la mer par de petites rues latérales;

nous arrivons au bord de la falaise, élevée de quelques cent pieds au-dessus de l'eau : la vue est splendide. Les passagers des bateaux à vapeur débarquent dans de petits canots, et sont obligés de grimper des escaliers très raides, pour arriver aux hôtels construits sur le rocher à pic. Les terrasses de ces hôtels sont ravissantes. Comme on doit y passer de bonnes heures, abrité par les orangers, à respirer cet air embaumé. C'est bien le pays du farniente; on éprouve une douceur inouïe à rêver sur le bord de cette belle mer. On oublie un moment le reste du monde; on ne pense à rien; on est absorbé dans une sorte de contemplation muette et irraisonnée. On n'est plus tenté de reprocher aux lazzaroni, couchés voluptueusement au soleil, ce que nous appelons leur paresse : on la comprend; on l'imite : « *Il faut qu'ils travaillent pour vivre,* » disent les savants économistes. Eh! pourquoi travailleraient-ils? ils n'ont pas de besoins : ils se trouvent superbes, — et ils le sont, — drapés dans les guenilles qu'ils portent avec plus d'élégance que nos gandins du club ne portent leur habit noir. Quelques petits poissons, quelques macaroni, quelques oranges ramassées dans la rue, suffisent à leur nourriture; et les deux sous qu'ils gagnent en rendant de petits services aux étrangers les rendent plus riches que ne le seront jamais les ouvriers de nos grandes villes, qui ne peuvent pas vivre avec dix francs par jour.

Faites donc des théories sur les bienfaits de la civilisation, sur le progrès... et demandez aux lazzaroni qui, de Pouzzoles à Sorrente, dorment au soleil sur la rive de la mer de Naples, s'ils vou-

draient échanger leur position pour celle du peuple
de nos villes, ou pour les rudes travaux de nos
paysans?

Leur bonheur relatif ne les empêche pas de faire
quelquefois aussi des barricades. Ils ont toutes les
passions et toute la crédulité du peuple de partout.
Depuis Masaniello, on les a vus bien souvent être
l'instrument des habiles, le marchepied des ambitieux qui s'en sont servis pour escalader le
pouvoir, tandis qu'ils sont restés et resteront probablement longtemps encore dans leurs guenilles
et dans leur misère.

Nous parcourons Sorrente ; nous allons acheter
quelques souvenirs dans ces fabriques d'objets en
bois d'olivier qui fournissent les bazars de toutes
nos stations thermales. C'est à Sorrente que se
font ces jolis riens qui portent, comme marque de
fabrique, l'image de la légère hirondelle, avec ces
mots : « Je reviendrai. »

Je reviendrai ! c'est bien le mot qu'on se dit tout
bas en quittant ce délicieux pays : et en se le répé-
tant, on ne pense pas aux embarras, aux affaires,
aux maladies, aux évènements politiques, qui viendront se mettre en travers de nos désirs ! On ne
songe pas que, peut-être, ce paradis terrestre n'exis-
tera plus, que, peut-être, un tremblement de terre
engloutira Sorrente dans la mer, et que le Vésuve
peut ensevelir Castellamare sous la lave et sous la
cendre, comme jadis il a enseveli Herculanum et
Pompéï (1).

(1) Ceci était écrit quelques jours, peut-être même seulement
quelques heures, avant la catastrophe qui a détruit Ischia.

Sorrente n'est pas très hospitalière pour ceux qui vont y passer une demi-journée, et qui ne logent pas dans les hôtels. On a peine à y trouver une boutique de pâtissier. L'heure était venue de songer au retour, et nous avions tous grand soif. Nous partons quand même ; nous disant que chemin faisant, nous trouverions facilement des oranges et du pain. Hélas ! le pain ressemblait à du biscuit de troupe ; quant aux oranges, nous en voyons des milliers dans les jardins, mais nous les voyons par-dessus les murs : c'est le supplice de Tantale. Enfin nous avisons des enfants qui jouaient aux boules avec ces beaux fruits dorés. Je leur fais signe en leur tendant quelques sous ; ils nous apportent des oranges énormes, la voiture file, et nous nous apercevons, mais trop tard, que les jeunes drôles avaient adroitement sucé le jus des oranges dont il ne restait plus que l'écorce. Nous n'avions qu'à rire de notre mésaventure ; nous en fûmes bientôt consolés en passant devant une maison où on était en train de charger une voiture de fruits superbes dont on voulut bien nous céder quelques-uns. Elles sont aussi bonnes que belles, les oranges de Sorrente, et elles ne ressemblent guère à celles de notre Midi. Combien, du reste, elles gagnent à être mangées sous l'arbre où elles ont mûri.

Quand on est aussi bien que nous l'étions à Castellamare, jouissant en paix d'un aussi beau temps et de l'affection de si bons amis, pourquoi faut-il que la froide raison vienne exiger qu'on quitte tout cela ? Il fallut rassembler tout notre courage pour nous résigner à quitter Stabia, où nos amis devaient prolonger leur séjour. C'est le cœur bien gros que nous leur disons adieu, et que nous reprenons un beau matin le chemin de Naples.

Nous passons encore une journée à Naples; la scène avait changé. D'agaçantes giboulées remplaçaient par instants le beau soleil. La pluie, fouettée par ce vent terrible que les Napolitains nomment la « *Tramontane,* » n'est rien moins qu'agréable. Heureusement que le mauvais temps n'est qu'une exception dans ce beau pays auquel il faut du soleil.

Quel singulier peuple que les Napolitains! valent-ils mieux que les autres Italiens? il est permis d'en douter. En tout cas, ils sont plus aimables. Comme on retrouve chez eux l'influence du mélange de diverses races! Comme on y reconnaît un reste de sang français, mêlé avec l'espagnol, le grec, et le mauresque! Ce sont les Gascons de l'Italie. Comme ils sont gracieux en comparaison des sombres Romains et des pompeux Milanais. Ils vous volent, je l'avoue; peut-être même vous volent-ils plus que les autres : mais ils le font d'une manière si aimable, qu'il y a vraiment plaisir à être exploité par de si charmants larrons. Tout intéressée que soit leur complaisance, elle n'a rien de servile, et jusque dans les fonctions les plus humbles de la domesticité, ils mettent tant de bonne grâce, qu'on dirait des gentilshommes, qui, par pure bienveillance, veulent bien rendre service à un de leurs pareils; tandis que le Romain, plus exigeant pour le salaire, apporte dans la même besogne son air morose et grognon, et est en même temps plus plat et plus rampant. J'ai pu faire d'autant mieux cette

comparaison, qu'après avoir passé la nuit en chemin de fer, nous débarquions le lendemain matin
à Rome pour y passer quelques heures, et déjeuner
encore au triste hôtel de la Minerve.

XII

PISE

En quittant Rome pour la seconde fois, nous suivons d'abord jusqu'au-delà du Tibre la ligne qui
nous avait conduit à Naples. Après avoir franchi le
fleuve, nous la laissons à notre gauche ainsi que
celle qui mène à Ostie. Quelques instants après,
nous sommes en pleins marais Pontins. La plaine est
coupée de marécages, de boqueteaux entourés de
pâturages humides, où nous voyons de temps en
temps paraître des buffles noirs, à la crinière héris-
sée, aux cornes renversées, dont l'aspect féroce est
bien en harmonie avec ce désert sauvage.

Le conducteur du train appelle Macarèse, Civita
Vecchia, Corneto, qui fut autrefois Tarquinies, une
des villes les plus considérables des Étrusques; Or-
bitello, bâtie au milieu d'un lac salé séparé de la
mer par une haute montagne; Grossetto, chef-lieu
des Maremnes; Cécina : le pays est d'une tristesse
inouïe; c'est le pays de la malaria. Nous côtoyons
souvent la mer, dont les vagues viennent mourir au-

près de la voie ferrée. Sur cette ligne, ni buffets, ni
gens qui vous apportent des vivres aux portières ; et
nous n'avons pas pris nos précautions contre cet
inconvénient. Le pays de la fièvre devient pour nous
le pays de la faim. Enfin, nous voici à Colle Salveti,
embranchement pour Livourne, et à dix heures du
soir nous arrivons à Pise.

L'hôtel de la Minerve est près de la gare ; la faim
nous fait oublier la rancune que cette enseigne pouvait nous inspirer, nous y descendons : — rien de
la Minerve de Rome : tout y est bien, tout y est bon,
tout y est propre, nourriture et lits.

Le lendemain, à l'aube, nous étions en route : —
Il ne faut pas bien du temps pour visiter Pise ; tous
les monuments remarquables, la cathédrale, le baptistère, la tour penchée, le Campo Santo, sont réunis
et groupés sur la place du Dôme, qui forme ainsi
un curieux musée architectural.

Cette grande place, à l'extrémité de la ville, touche
à l'ancienne enceinte fortifiée ; elle est gazonnée
comme la pelouse d'un parc, et la verdure qui la
couvre est coupée seulement par les allées étroites
qui conduisent d'un monument à l'autre.

A tout seigneur, tout honneur : après avoir consi-
déré l'ensemble curieux formé par la réunion de
quatre grands monuments, nous visitons d'abord la
cathédrale. La façade, en marbre noir et blanc, est
ornée de quatre étages de colonnes grecques, posées
au-dessus de cinq portes romanes. Tout l'édifice,
comme beaucoup de monuments de la même époque dans cette partie de l'Italie, est composé d'assises alternées de marbre noir et blanc. Au premier

abord, cela fait un singulier effet, et donne un peu à ces églises l'aspect de gigantesques catafalques.

Une belle coupole domine l'ensemble de la cathédrale; les cinq nefs sont absolument gâtées par des plafonds dorés. Dans la nef principale, pend la fameuse lampe de bronze, dont l'oscillation fit découvrir à Galilée la théorie du pendule. Le maître-autel, en lapis, d'un goût douteux malgré sa richesse, est surmonté d'un beau Christ en bronze de Jean de Bologne; le chœur est entouré de stalles en marqueterie dont chacune est un chef-d'œuvre. Le transept de droite est occupé par la chapelle de saint Renier, patron de Pise : j'y ai remarqué un bénitier dont la vasque sert de piédestal à une charmante statue de la Vierge. La chaire a été refaite avec des fragments antiques. Il me semble qu'on n'en a pas tiré tout le parti possible.

Je remarque quelques peintures : une Sainte-Agnès, d'Andrea del Sarto, petit tableau qui à lui seul vaut tout un musée; une Vierge de Perino del Vaga, des fresques de Ghirlandajo, du Sodoma, de Beccafumi; enfin, dans le transept de gauche, une mosaïque ancienne représentant l'Annonciation.

Nous n'avions pas encore vu de monuments du style de la cathédrale de Pise. Nous y trouvons un reflet de l'art grec, apporté d'Orient par les Pisans, commerçants et navigateurs. A Florence, à Sienne, et même à Gênes, nous trouverons encore d'autres églises de ce style, qui, au premier abord, peut paraître bizarre, mais qui ne manque cependant ni de grandeur ni de sentiment.

Je préfère le baptistère à la cathédrale; il me

semble que son architecture a plus d'ampleur et plus de majesté. Une belle coupole couronne bien cette masse circulaire. A l'intérieur, les arcades qui soutiennent la voûte sont supportées par des colonnes à chapiteaux romans d'un beau travail. La chaire, du treizième siècle, dont les bas-reliefs sont l'œuvre de Nicolas de Pise, est un des beaux spécimens qui nous restent de l'art du Moyen Age, le le bassin qui orne le milieu du baptistère est une merveilleuse marqueterie de marbre.

La tour penchée est, comme la cathédrale, en marbre de deux couleurs. C'est une suite d'étages portés par des colonnes superposées. Son inclinaison m'a paru plus considérable que celle des tours de Bologne. Elle a le défaut de trop ressembler à un biscuit de Savoie enrichi d'ornements en sucre.

A mon avis, le plus beau des monuments de Pise est le Campo Santo, destiné par les Pisans à la sépulture de leurs grands hommes. C'est un vaste carré long, entouré d'un cloître à arceaux gothiques du plus gracieux effet. On prétend que la terre de ce cimetière fut apportée jadis de Jérusalem par les navigateurs pisans. Le cloître est rempli de tombes dont quelques-unes sont fort remarquables, et ses murs sont couverts de fresques des vieux maîtres, Giotto, Ghirlandajo, Orcagna, etc. : mais, hélas! comme elles sont abîmées! dans quelques années il n'en restera plus rien. Parmi ces peintures célèbres, je remarque la vie de Job, par Giotto; le Triomphe de la Mort, et le Jugement Dernier, d'Orcagna, dont le réalisme est peut-être poussé à l'excès.

Nous quittons la place du Dôme, et nous gagnons

le Lung Arno, c'est ainsi qu'on appelle les quais, dans les villes traversées par l'Arno. C'était là qu'abordaient les navires au temps de la splendeur de Pise. Aujourd'hui, les vaisseaux ne remontent plus l'Arno, et les chaînes qui barraient le cours du fleuve et défendaient l'entrée de la ville ont été remplacées par un beau pont moderne.

Sur le Lung Arno de la rive gauche, nous admirons Santa Maria della Spina élégante chapelle du quatorzième siècle, véritable dentelle de marbre, ornée de gracieuses sculptures par Jean de Pise. L'intérieur était en réparation, et encombré d'échafaudages. Je ne puis donc parler que du dehors.

Nous avions vu ce qu'il y a de plus intéressant à Pise, et le jour même, nous prenions le chemin de Florence.

Le pays est d'abord assez plat ; puis, on s'éloigne de la mer ; on se rapproche de l'Apennin ; les accidents de terrain s'accentuent et se multiplient. A partir de Ponte d'Era, le chemin de fer entre dans de jolies vallées, passant et repassant les affluents de l'Arno : l'Era, la Pesa, l'Ombrone, qui coulent au milieu de charmants paysages. A Empoli, nous laissons à droite la ligne qui dans quelques jours nous conduira à Sienne : nous passons l'Arno, et nous suivons son cours jusqu'à Florence. Avant de pénétrer dans la ville, le chemin de fer contourne les promenades des Cascines ; enfin, nous arrivons à la gare. Nous nous faisons conduire de suite à la pension anglaise della Corona d'Inghilterra, qui nous avait été recommandée, et j'ajouterai que nous n'avons eu qu'à nous louer de ce choix, sous tous les rapports.

XIII

Églises et Monuments.

Si par beauté d'une ville on entend l'élégance des
constructions, le mouvement et l'animation des rues,
le luxe des magasins, Florence mérite bien d'être
mise au premier rang parmi les grandes villes d'Italie. L'Arno qui la partage en deux, comme la Seine
partage Paris, est bordé de quais superbes, qui, de
même qu'à Pise, portent le nom générique de Lung
Arno ; plusieurs beaux ponts rejoignent les deux
rives. Dans l'intérieur de la ville, beaucoup de jardins
qui contribuent à sa salubrité. Les boulevards, ou
« vialle, » plantés de beaux arbres et ornés de jolis
squares, l'entourent d'une ceinture de fleurs, et jus-
tifient bien son nom de Florence. La campagne qui
l'environne est fertile et remplie de sites pittoresques.

Le lendemain de notre arrivée, fidèles à notre coutume, nous commençons notre visite à Florence par

un voyage de découvertes. et par une exploration
générale. Nous remontons le Lung Arno ; nous
voyons en passant le palais des Uffizi, la place de la
Signoria, le Palazzo Vecchio. Nous traversons l'Arno
sur le Ponte Vecchio, bordé de chaque côté d'une
rangée de boutiques qui nous rappellent le Rialto de
Venise. Nous suivons la rue Guicciardini, dans laquelle nous admirons la sévère façade du palais Pitti.
Nous passons sous la porte Romaine, et nous montons le Vialle dei Colli, qui, en serpentant à travers
des jardins et des squares, gravit la haute colline
située sur la rive gauche de l'Arno, et domine Florence et ses environs.

Nous arrivons à San Miniato, église et couvent
entourés d'un vaste cimetière et dominés par une
forteresse. Nous sommes au point culminant de ces
charmantes collines. C'est de là qu'il faut voir Florence qui s'étale au fond de la vallée. En face de
nous à quelque distance, sur un mamelon élevé,
nous apercevons distinctement la petite ville de
Fiesole. Plus loin, c'est l'Apennin qui se profile sur
l'horizon. A droite, sur des hauteurs boisées qui se
détachent de la montagne comme un rameau, c'est
le couvent de Santa Maria degli Angeli, berceau de
l'ordre célèbre des Camaldules, au-dessous duquel
nous voyons l'Arno sortir de la pittoresque vallée
de Vallombrosa. Le regard peut suivre son cours à
travers Florence, et jusque dans les environs de
Pise.

L'église de San Miniato offre une disposition assez
curieuse : le chœur, beaucoup plus élevé que le sol
de la nef, est construit au-dessus d'une crypte peu

profonde, communiquant avec l'église par deux larges baies. Un autel est placé entre ces deux ouvertures, de façon que les personnes placées au fond de la nef, peuvent voir officier à la fois au chœur, à la crypte, et à l'autel intermédiaire. Ces trois autels sont en quelque sorte superposés. San Miniato est fort curieux : sa charpente apparente peinte de couleurs brillantes, ses belles colonnes antiques, ses fresques, ses bas-reliefs en faïence par Luca della Robbia, lui donnent un cachet tout particulier. C'est la nécropole de Florence. L'édifice est entouré d'un immense cimetière, tout pavé de marbre blanc, dont chaque dalle couvre une sépulture. Quelques monuments assez remarquables s'élèvent au-dessus de ce sol de marbre. A l'église attient un couvent, et le tout est couronné par les créneaux d'une vieille forteresse.

Nous redescendons par le Vialle Galileo, nous passons devant le couvent des Franciscains sur le Monte alle Croce, et nous arrivons à la place Michel-Ange, immense esplanade, inaugurée il y a quelques années à l'occasion du quatrième centenaire de la naissance du grand artiste, et décorée des reproductions en bronze de ses plus belles statues.

De la place Michel-Ange, nous descendons rapidement au bord de l'Arno par un square trop garni de rocailles pour être d'un goût parfait; nous traversons le fleuve sur le Ponte alle Grazie, et nous arrivons à la place et à l'église Santa Croce, une des plus curieuses de Florence.

La place Santa Croce est ornée d'une très médiocre statue du Dante, le poète le plus populaire de l'Italie;

dans les grandes villes comme dans les plus petites bourgades, il y a partout une rue ou une place Dante.

Je me suis demandé souvent la cause de cette grande popularité? La population italienne n'est pas plus lettrée que le peuple français. Pour la plupart de ceux qui baptisent les rues, la Divine Comédie est absolument de l'hébreu : serait-ce donc un soupçon calomnieux de penser que cette grande popularité attachée au nom de l'immortel poète est un peu du même genre que celle de Victor Hugo en France, et de Garibaldi en Italie ; et que le Dante la doit moins à ses œuvres qu'à ce qu'il fut quelque peu Gibelin? L'esprit démocratique est le même en Italie que chez nous. Pourvu qu'un homme ait un peu attaqué le trône des successeurs de saint Pierre, on lui pardonnera volontiers d'avoir humilié lui-même et sa patrie devant un César allemand : on aime mieux être déchiré par la griffe de fer de l'aigle à deux têtes, que de courber son front devant le chef de l'Église. Périssent nos libertés, périsse la patrie ; prosternons-nous devant la botte éperonnée d'un empereur d'Allemagne! qu'importe! pouvu que la tiare soit abaissée, et que le Vicaire de Jésus-Christ soit dépossédé et réduit à l'impuissance! O peuple aveugle, ou plutôt aveuglé! tu seras donc le même toujours et partout!

De la place Santa Croce, par de petites rues étroites qui ne manquent pas d'un certain caractère, on gagne la place della Signoria. Cette place était le cœur de l'ancienne Florence : les curieuses rues de la vieille ville viennent y aboutir comme des artères. Palais, musées, monuments, tout est concentré autour de cette place célèbre. Que de drames se sont passés là au Moyen Age, à l'époque où Florence, en proie aux factions, fut si éprouvée ! En face de ces monuments, on essaie de démêler l'écheveau si embrouillé de l'histoire de cette ville, tantôt républicaine, tantôt se donnant tour à tour aux empereurs, aux papes, ou au premier aventurier qui ne craignait pas de marcher dans le sang de ses compétiteurs pour ceindre la couronne ducale. Les Strozzi, les Sodérini, les Pazzi, les Médicis, ont foulé ces dalles de marbre sur lesquelles traînent aujourd'hui les fourreaux de sabres piémontais. Comme tous les peuples qui parlent sans cesse de liberté, les Florentins n'ont jamais su rester libres ; et quand, par hasard, ils l'ont été, ils se sont toujours empressés de se donner ou de se vendre.

Le Palazzo Vecchio domine la place della Signoria. Comme il a grand air, ce vieux palais, avec ses assises d'énormes pierres brutes, et la haute tour carrée qui le surmonte ! Comme cet extérieur sévère contraste avec l'entrée de son « *Cortile* » ou cour intérieure, si remarquable par l'élégance de ses colonnes et de ses voûtes toutes couvertes de charmantes arabesques. L'intérieur offre la même opposition de luxe décoratif et de simplicité grandiose. Au premier étage, dans les grandes salles où se tenaient jadis les assemblées du peuple, sont installés maintenant les divers services de la municipalité. Au second, étaient les appartements privés des Médicis, ornés de peintures et de portraits historiques, parmi lesquels j'ai remarqué ceux du Pape

Léon X, de Côme Ier, et de Laurent le Magnifique. La chapelle ducale est richement décorée.

Devant le palais, tout un monde de statues : le groupe d'Hercule et de Cacus, par Bandinelli; le fameux lion de bronze, que les Florentins appellent « *Marsocco* »; la belle fontaine de Neptune; au milieu de la place, la statue équestre de Côme Ier, par Jean de Bologne.

Vis-à-vis la porte du palais est la curieuse loggia gothique dei Lanzi, ou des Lansquenets, auxquels elle servait de corps de garde. Les lansquenets sont remplacés aujourd'hui par des statues antiques; par le magnifique Persée, de Benvenuto Cellini; et par des chefs-d'œuvre de Jean de Bologne et de Donatello.

Le palais des Uffizi entoure de son élégant portique une sorte de forum oblong, qui s'étend de la place de la Signoria jusqu'au quai. Les statues des Toscans célèbres ornent les piliers de ce portique, sous lequel des marchands de gravures, des libraires, des bijoutiers, ont établi leurs éventaires et leurs étalages. Les étages supérieurs du palais sont occupés par le célèbre musée dont je parlerai plus loin.

La rue de la Calzolaia conduit de la place della Signoria à celle du Dôme. Elle est large et droite, comme toutes les principales rues de Florence, qui a dû, certainement, être haussmannisée à une certaine époque. (Probablement sous les Médicis.) C'est dans cette rue que sont les plus beaux magasins, et qu'il y a le plus d'animation. C'est aussi là que se trouve le bel édifice gothique appelé Oratorio San

Michèle, ou tout simplement Or Michèle. Au coin
de la place du Dôme, est une charmante loggia nommée Logetta del Bigallo. Je n'ai jamais pu savoir
quelle était sa destination dans les temps passés ;
les guides sont muets à ce sujet, et les personnes
que j'ai interrogées n'ont pu me donner aucune
explication satisfaisante.

En quelques minutes, on va de la place du Dôme
à la place San Lorenzo, où se trouve la basilique de
ce nom. Une belle statue de Jean de Médicis par
Jean de Bologne, orne le milieu de cette place.

Du côté de la gare et des boulevards qui entourent la partie de la ville située sur la rive droite de
l'Arno, se trouvent la place Santa Maria Novella, la
place de l'Indépendance, immense, mais sans aucun
caractère. J'aime mieux la place de l'Annunziata,
que nous trouvons à l'est de la ville, entourée d'un
charmant portique dont les arcades sont ornées de
médaillons en faïence de Luca della Robbia. Cette
place, entourée de portiques, ornée de belles statues
et de fontaines monumentales, nous montre un peu
ce que devaient être jadis les forum des Romains.

La partie de la ville située sur la rive gauche de
l'Arno est bien moins étendue que l'autre. Le palais
Pitti, avec son soubassement construit en blocs
énormes comme le Palazzo Vecchio, en est la principale curiosité. Les immenses jardins qui en dé-
pendent sont ouverts au public à certains jours.
Beaucoup de vieux palais rappellent aussi l'architecture cyclopéenne du palais Pitti et du Palazzo
Vecchio. Le plus remarquable est le palais Strozzi,
situé près de la place della Signoria. Je préfère ces

constructions, toutes massives qu'elles puissent paraître, aux mièvreries bâtardes des deux derniers siècles.

Les Lung Arno sont bordés de constructions plus modernes, le palais Corsini est une des plus belles. Dans l'intérieur de la ville, les palais Capponi et Buccelli méritent aussi d'être cités.

Les rues de Florence sont généralement animées : la quantité de statues, de tableaux, d'objets d'art, de mosaïques, qu'on voit dans les magasins est vraiment incroyable. Il y a certainement des choses charmantes dans ces étalages, mais il faut les chercher à travers bien des monstruosités d'un goût plus que douteux.

J'aime assez les églises de Florence. Elles ont certainement subi, au moment de la Renaissance, des restaurations que je ne craindrai pas d'appeler fâcheuses, mais elles n'ont rien de ce style bâtard qui m'avait tant agacé à Rome. Malgré l'aspect bariolé que donnent à leurs façades les marbres de toutes couleurs, elles ont gardé ce cachet d'antiquité particulier aux monuments religieux de la Toscane, et qu'on trouve seulement encore à Pise, à Sienne, et nulle part ailleurs.

Santa Croce possède au plus haut degré ce cachet national ; elle a été restaurée dernièrement dans le style primitif, chose rare en Italie, où tout artiste se croit supérieur aux anciens maîtres, et veut mettre du sien dans la restauration de leurs œuvres, quand souvent il ne comprend pas la pensée qui les a dirigés.

Santa Croce est remplie de tombeaux, parmi lesquels celui de Michel-Ange et celui de Galilée se distinguent, sinon par la richesse de la matière et par la perfection du travail, du moins par les grands noms qui y sont inscrits. Nous remarquons aussi d'admirables peintures : des fresques de Giotto et de Gaddi ; un Crucifiement de Santi di Tito ; et un couronnement de la Vierge du Bronzino. Le chœur a été absolument abîmé par les restaurations du fameux Vasari, un des hommes les plus néfastes qu'aient produit la Renaissance et le dix-septième siècle. Il semble avoir pris à tâche de mutiler tous les édifices auxquels il a travaillé. Les chapelles sont riches et ornées de sculptures merveilleuses.

A droite de l'église est un cloître ayant quelque vague analogie avec le Campo Santo de Pise, et comme lui, rempli de tombeaux. Au fond de ce cloître, se trouve la chapelle des Pazzi, charmant monument gothique, où nous voyons des faïences de Luca della Robbia.

Le Dôme est actuellement en réparation. Sa façade, en marbre de différentes couleurs, est en partie masquée par des échafaudages. La vaste coupole qui le surmonte, œuvre de Brunelleschi, a servi de modèle à celle de Saint-Pierre de Rome, à laquelle je la trouve supérieure par l'élégance de ses proportions. Les fenêtres ogivales qui éclairent la nef, partagées par de ravissantes colonnes torses, sont de véritables chefs-d'œuvre. Les portes latérales sont du même style. L'intérieur, fort nu à cause des réparations, contient encore de belles statues : un Saint-Jean de Donatello ; une Pieta inachevée de Michel-Ange ; des bas-reliefs de Luca della

Robbia : la balustrade du chœur est ornée de sculptures par Bandinelli.

A droite de la vaste basilique est le Campanile, haute tour gothique en marbre de couleur, du même style que la cathédrale, et rappelant un peu par sa forme la Tour Saint-Jacques de Paris. Le Campanile est l'ouvrage du célèbre Giotto. Ne se contentant pas d'être un grand peintre, il voulut être aussi un grand architecte ; il a réussi où tant d'autres ont échoué : le Campanile est bien un chef-d'œuvre.

En face du Dôme, s'élève le Baptistère, bel édifice octogone terminé par une élégante coupole. Ses trois portes de bronze ciselé, enrichies de bas-reliefs incomparables, sont l'ouvrage d'André de Pise et de Ghiberti. Que de temps et de patience il a fallu pour arriver à une telle perfection dans un travail aussi énorme ! Les bas-reliefs de la porte de l'Est représentent des scènes de l'histoire des Juifs ; les panneaux et les portes elles-mêmes sont entourés de guirlandes de fleurs et de fruits d'un admirable travail. Des mosaïques anciennes décorent l'intérieur du Baptistère. Nous y remarquons le tombeau du Pape Jean XXIII, qui avant de porter la tiare, fut général de condottieri sous le nom de Coscia.

San Lorenzo fut construit au Moyen Age par les Médicis, avant qu'ils ne fussent devenus les maîtres de Florence. Sa grande façade de briques nous rappelle les vieilles églises de Venise et de Padoue. L'intérieur a dû subir quelques restaurations. Devant le maître-autel, une simple dalle couvre la sépulture de Côme le Grand. Dans la sacristie, est le beau mausolée de Jean et de Pierre de Médicis. Nous ad-

mirons des bronzes et des bas-reliefs de Donatello ;
quelques bons tableaux, et une remarquable fresque
du Bronzino représentant le martyre de saint Laurent. Un cloître gothique met l'église en communication avec la célèbre bibliothèque Laurentienne,
devenue propriété de l'État.

Un édifice, sans aucun rapport avec la construction primitive, est accolé au chevet de l'église. Il
contient la chapelle des Princes, destinée à la sépulture de la famille ducale des Médicis, et la nouvelle
sacristie, où sont les tombeaux de Laurent et de
Julien de Médicis, ornés des célèbres statues de
Michel-Ange : le Pensieroso ; l'Aurore et le Crépus-
cule ; le Jour et la Nuit. Le Pensieroso, représentant
Laurent de Médicis dans l'attitude de la méditation,
me paraît la plus belle de ces statues. Michel-Ange
a été l'architecte de cet édifice ; pourquoi ne s'est-il
pas contenté d'en faire les statues ? Pourquoi a-t-il
voulu briller dans toutes les branches de l'art ? Statuaire, il est sublime ; peintre, je le trouve prodigieusement surfait ; architecte, il est absolument
déplorable. Malheureusement, il a fait école, et tout
l'art de son siècle s'est ressenti de son influence, que
je ne craindrai pas d'appeler néfaste, dussé-je être
lapidé par ses admirateurs. A quoi donc a tenu cette
influence ? Tout ce que sais de la vie de Michel-
Ange me permet de croire qu'il a su se servir d'un
moyen fréquemment employé de nos jours par des
écrivains, des médecins, des artistes. A force de dire
du bien d'eux-mêmes et du mal d'autrui, ils finis-
sent par persuader la foule, et parviennent à lui
faire croire qu'ils sont les seuls artistes, les seuls

savants, les seuls grands hommes, et que tous les
autres ne sont que des cuistres et des goujats.

Santa Maria Novella, comme Santa Croce, est de
style toscan. Comme elle, sa façade est accompagnée
d'un cloître rempli de tombeaux, auquel les marbres
verts qui le décorent ont fait donner le nom de
« *Chiostro verde.* » L'intérieur est richement décoré. Au-dessus de la porte d'entrée, est un crucifix
de Giotto, trop peu éclairé pour qu'on puisse bien
le juger. Nous y voyons des tombeaux superbes,
entr'autres celui de Philippe Strozzi; des fresques
de Ghirlandajo, et dans une chapelle à droite, la célèbre madone de Cimabuë. Au fond du transept de
gauche, une chapelle dont le sol est plus élevé que
le reste de l'église, est celle des Strozzi. Les peintures de cette chapelle sont d'Orcagna, et ont beaucoup de ressemblance avec le Jugement dernier du
même artiste, que nous avions vu dans le Campo
Santo à Pise.

Or Michèle, ou l'Oratorio San Michèle, bâti au
quinzième siècle pour une halle, fut depuis consacré
au culte. C'est un des beaux monuments gothiques
qui restent en Italie. Son ornementation rappelle
beaucoup celle de nos monuments français de la
même époque. Des niches pratiquées dans l'épaisseur des murailles abritent des statues remarquables, entr'autres le saint Jean-Baptiste de Monte-
lupo, et le saint Georges de Donatello. Cette église
était fermée, nous n'avons pu en visiter l'intérieur.

San Marco, ancienne église affublée d'une façade
moderne, possède des peintures de Santi di Tito,
et de Fra Bartolomeo. Nous y voyons aussi les tom-

beaux de Pic de la Mirandole et d'Ange Politien. A droite de l'église était jadis un couvent rendu célèbre par le séjour de l'infortuné Savonarole, si diversement apprécié. Les uns en font un saint et un martyr, tandis que d'autres le considèrent tout simplement comme un révolté, comme un émule de Luther et de Calvin. Je laisse à Dieu, qui sait reconnaître les siens, le soin de juger le malheureux Dominicain ; et sans me permettre aucune appréciation, je me borne à constater, que depuis Savonarole jusqu'au P. Hyacinthe et même jusqu'au P. Didon, bien des disciples de saint Dominique, au moins en apparence, se sont tant soit peu écartés de l'obéissance passive, et ont versé plus ou moins dans les ornières de la libre discussion.

Parmi les hommes qui ont contribué à la célébrité du couvent de San Marco, sont deux grands artistes, Fra Bartholomeo, et Fra Angelico, que la « Vox populi » place déjà au rang des saints puisqu'on l'appelle le « Beato. » On peut dire qu'ils ont illustré leur couvent aussi bien au propre qu'au figuré, car les murs sont couverts de leurs œuvres. Aujourd'hui, le couvent laïcisé est devenu propriété de l'État, et a été transformé en musée.

Santa Annunziata, au fond de la belle place dont les arceaux semblent faire partie de l'église, est entourée d'un cloître ou atrium orné de fresques admirables d'Andrea del Sarto et du Pontormo. Au-dessus de la porte qui communique du cloître à l'église, se trouve la célèbre Madonna del Sacco, chef-d'œuvre d'Andrea del Sarto. Pour préserver cette belle fresque des injures de l'air, on l'a entourée d'un vitrage, ce qui nuit un peu à son effet. L'église contient le tombeau de Jean de Bologne, fait par lui-même ; et de belles peintures, parmi lesquelles je remarque une Assomption du Pérugin.

———

XIV

FLORENCE

Les Musées et les Vierges de Raphaël.

Ce qui place surtout Florence au premier rang parmi les villes d'Italie, ce sont ses musées.

Le grand mouvement artistique de la Renaissance a commencé à Florence. Elle avait été préparée à cette révolution par des artistes de la taille de Cimabuë, Giotto, Fra Angelico, dont les ouvrages forment un trait d'union entre l'art byzantin, et l'art du Titien et de Raphaël. Dans ces musées, où sont entassés les chefs-d'œuvre de la peinture depuis les époques les plus reculées, on peut, mieux que partout ailleurs, suivre les progrès de l'art, apprécier les différences qui existent entre les écoles qui ont illustré l'Italie, et comparer les plus fameux représentants de ces écoles avec les maîtres étrangers. A Venise, le Titien et Tintoret annihilent les autres; à Bologne, ce sont les Carrache : à Rome, on commence à voir un peu de tout. A Florence, au milieu de cette prodigieuse quantité de tableaux de toutes les écoles et de toutes les époques, parmi lesquels il y en a beaucoup d'inférieurs, le jugement achève de se former et devient plus sûr. Avant d'avoir vu les musées de Florence, ce n'aurait été qu'avec une grande timidité, une profonde défiance de moi-même, que je me serais hasardé à formuler un jugement bien précis sur le mérite d'un tableau. J'admirais un peu de confiance, avec la foi du charbonnier. Il me semble maintenant que cette visite a dissipé un brouillard qui voilait bien des choses à mes yeux. C'est bien par Florence qu'il faut terminer la visite des grands musées d'Italie.

En entrant dans le beau palais où est placé le musée de l'Académie des Beaux-Arts, on est de suite frappé par un des chefs-d'œuvre de la sculpture : c'est le David de Michel-Ange. On dit que c'est un des premiers ouvrages de l'artiste. A mon avis, c'est le meilleur. Je le trouve supérieur au Moïse que j'avais vu à Rome, au Pensieroso, à toutes ses autres statues; et parmi toute l'œuvre du grand sculpteur, je ne vois que la Piéta de Saint-Pierre de Rome qui puisse lui être comparée.

Le grand attrait de l'Académie des Beaux-Arts, c'est la quantité de tableaux anciens et de l'époque de transition qu'on y trouve. La plupart sont de maîtres inconnus. Il est difficile de leur assigner bien exactement des dates. On arrive ensuite à Cimabuë et à Fra Angelico. Je ne connais rien qui captive autant que les tableaux du bienheureux Dominicain. Il ignorait la perspective et l'art des ombres; ses couleurs vives ressemblent à celles des vieux missels enluminés, mais ses figures ont une incomparable expression de naïveté et de sainteté. C'est l'âme du saint artiste qui se réflète sur ces fonds d'or! Je remarque de lui, une Vierge trônant au milieu des anges, une Mise au tombeau, et un grand panneau sur lequel il a peint la vie de Jésus-Christ en dix-sept tableaux. Un autre moine du même ordre, Fra Bartolomeo, est aussi réprésenté par des œuvres de mérite. Dans la grande salle, nous admirons encore une Vierge de Cimabuë; plusieurs tableaux de Giotto; de Ghirlandajo; la Cène à Emmaüs, du Pontormo; une Adoration des Mages, de Roselli; une Madeleine d'Andrea Sacchi, et une quantité d'autres.

C'est au second étage du palais des Uffizi que se trouve le Grand Musée : on y monte par un escalier monumental dont les paliers sont ornés de statues antiques; puis, on entre dans un vestibule meublé de sculptures et peuplé de statues; à travers des œuvres de grand mérite, nous sommes frappés par des statues d'animaux. Je n'ai jamais rien vu de mieux fini, de plus vrai, que le fameux sanglier de de marbre, et que les deux grands chiens, ouvrages d'un artiste grec inconnu.

De là, on pénètre dans un immense corridor faisant tout le tour du palais : la muraille est couverte de tableaux; devant les grandes ouvertures qui donnent sur la place, des socles et des piédestaux supportent les bustes et les statues authentiques des empereurs romains et des membres de leurs familles, et quelques statues anciennes plus ou moins célèbres, entr'autres le Tireur d'Épine. Les peintures de ce corridor sont toutes dues au pinceau des anciens maîtres, tels que Rico de Candie, Cimabuë, Giotto, Orcagna, Filippo Lippi, Ghirlandajo, Santi di Tito, etc., rangés par ordre chronologique.

Les salles du musée s'ouvrent sur cette longue galerie. Quelques-unes de ces salles sont affectées à des collections d'objets d'art et de curiosités, comme la salle des Gemmes, dont les vitrines contiennent des vases, des coupes et des bijoux en onyx, en cristal, en lapis, en jaspe, d'une valeur inestimable. — Les salles des camées, des médailles, des bronzes antiques, sont aussi fort curieuses.

La salle de Niobé est occupée par les statues de Niobé et de ses enfants tombant sous les flèches d'Apollon et de Diane. Ces statues, attribuées par les anciens à Scopas ou à Praxitèle, furent retrouvées à Rome à la fin du seizième siècle, et apportées à Florence en 1775. La statue de Niobé est ce que je connais de plus beau en sculpture. Comme attitude, comme expression, elle surpasse toutes les belles statues anciennes ou modernes que j'ai vues en Italie ; Donatello, Sansovino, Michel-Ange lui-même, ne sont jamais parvenus à la perfection, à la vérité, avec lesquelles est représentée cette mère désolée qui voit périr un à un tous ses enfants, sans pouvoir les soustraire à la vengeance des dieux irrités : les enfants de Niobé sont dignes de leur mère.

La salle voisine est consacrée aux portraits des peintres, peints par eux-mêmes, depuis Léonard de Vinci jusqu'à nos jours. J'y remarque les portraits de Raphaël, de Michel-Ange, du Sodoma, des Carrache, d'Albert Durer, de Rubens.

La salle du Baroccio est ainsi nommée à cause du beau tableau de cet artiste, représentant la Vierge priant son Fils de bénir les bons riches. Elle contient en outre des toiles remarquables du Bronzino, du Guide, du Caravage.

Puis, viennent les salles réservées à chaque école. Dans les deux salles de l'école vénitienne, je retrouve avec plaisir les grands maîtres du palais des Doges. Mais, ce que Florence possède de leurs œuvres est d'une importance secondaire en comparaison de leurs beaux tableaux que nous avons tant admirés à Venise. Je ne vois rien là qui puisse entrer en parallèle avec la Vierge de Pesaro, le Miracle de Saint-Marc et le Repas chez Lévi. Cependant, une conversion de saint Paul, du Pordenone; le Jugement de Salomon de Giorgione; et une Arche de Noé, de Bassano, m'ont paru des plus remarquables.

L'école française n'occupe qu'une salle : le Borgognone, avec ses batailles; Philippe de Champaigne, Mignard, Largillière et Rigaud, avec des portraits; le Poussin avec son Thésée à Trézène; Valentin, Lebrun, Joseph Vernet, tiennent une place honorable au milieu des chefs-d'œuvre de l'Italie; mais combien Boucher et Watteau paraissent ridicules quand on vient de voir un portrait du Tintoret ou une Vierge de Raphaël.

Malgré tout le mérite d'exécution des tableaux exposés dans les deux salles où se mêlent les écoles flamande et allemande, je ne suis pas très enthousiaste du réalisme des Flamands, ni de la raideur des Allemands. Téniers, Quintin Metzis, Gérard Dow, Rubens, Albert Durer, Luc Cranach, tiennent le haut du pavé dans ces salles. Je ne professe certes pas une grande sympathie pour l'Allemagne; mais j'avoue que je préfère encore la Vierge et le Saint Jacques d'Albert Durer aux Trois Grâces de Rubens; et les portraits de Luc Cranach aux vieilles femmes laides de Gérard Dow.

L'école hollandaise est représentée par ses coryphées au musée des Uffizi. Van Mieris, Adrien Brawer, y ont des scènes d'intérieur remarquables; Ruysdaël, Breughel de Velours, Rembrandt, d'admirables paysages : mais pourquoi les Hollandais ne se contentent-ils pas de peindre ces paysages qu'ils font si bien, et ne nous font-ils pas grâce de leurs fonds de chaudron et de leurs légumes?

Nous revenons à l'idéal, véritable domaine de la grande peinture, en entrant dans les salles où on a eu la bonne idée de réunir des œuvres choisies de tous les peintres des différentes écoles italiennes. C'est là qu'on peut faire d'instructives comparaisons. Les paysages de Salvator Rosa valent bien ceux des Hollandais; les gracieuses nymphes de l'Albane ont plus d'élégance que les déesses boursoufflées de Rubens. Le Corrège, le Pérugin, les Carrache, le Titien, Bassano, le Parmesan, le Guide, le Guerchin, et toute cette brillante pléiade d'artistes qui ont illustré la peinture depuis Fra Angelico jusqu'à Carlo Dolci, représentent magistralement les écoles d'Italie.

Deux salles sont exclusivement attribuées aux peintres toscans. Parmi une quantité de bons tableaux, je distingue une Adoration des Mages et une

Tête de Méduse, de Léonard de Vinci; un Christ aux Limbes du Bronzino; et le Mariage de la Vierge de l'inimitable Fra Angelico.

Enfin, une autre salle contient des ouvrages de peintres anciens, avant que chaque école n'eut fixé sa manière. Il y a la de curieuses peintures, dont les plus belles sont de Lorenzo di Credi, de Botticelli, de Ghirlandajo.

Un petit nombre de chefs-d'œuvre, choisis entre tous les chefs-d'œuvre de la peinture et de la sculpture, sont réunis dans une petite salle octogone qu'on nomme la Tribune. Par le choix et le mérite des ouvrages qui y sont exposés, cette salle peut se comparer à la galerie du Vatican : le saint Jérôme de Ribera, la Madona e Santi d'Andrea del Sarto, la Sybille Samienne du Guerchin, la Vénus du Titien, la Sainte-Famille de Michel-Ange, la Fuite en Égypte du Corrège, la Fornarina et le Jules II de Raphaël, sont des peintures incomparables; mais tout cela pâlit devant un petit tableau, devant une des plus gracieuses compositions de Raphaël, la Vierge au Chardonneret. Quelle grâce ! quelle expression ! quel dessin et quelle couleur !

Les statues de la Tribune ont été trouvées dans les décombres qui recouvraient la vieille Rome : l'Apollino, les Lutteurs, le Faune, le Rémouleur, y entourent la célèbre Vénus de Médicis. Ces statues sont des merveilles; mais si on n'avait fait une salle spéciale pour la Niobé, on se demanderait pourquoi elle ne figure pas dans la Tribune avec ces belles statues qu'elle surpasse peut-être !

Quand on a visité les Uffizi, on est bien loin d'en

avoir fini avec les merveilles des musées de Florence.

Par un escalier tapissé de dessins et de gravures, nous descendons à une galerie construite au-dessus des boutiques du Ponte Vecchio, et qui nous amène au palais Pitti.

Cette galerie, longue de six cents mètres, est remplie d'un bout à l'autre de portraits historiques très curieux au point de vue de l'histoire du costume, et de vues des villes de la Toscane. Ce long corridor est un véritable musée, et mériterait d'être vu avec plus d'attention que nous n'avons pu le faire.

Arrivés au palais Pitti, nos enchantements recommencent : ce sont d'abord des tapisseries merveilleuses, des objets d'art d'un grand prix; puis, nous entrons dans ces salles splendides, aux plafonds peints par des maîtres, décorées avec une richesse extrême, dans lesquelles sont exposés cinq ou six cents tableaux, tous de premier mérite. Je n'entreprendrai pas de décrire ces salles une par une. Parmi la quantité d'œuvres magistrales qu'elles contiennent, nous remarquons deux beaux paysages du Poussin et de Salvator Rosa; une Judith d'Artémisia Gentileschi, d'un grand caractère; un Ecce Homo du Sodoma; une Madone entourée de moines dominicains en prières, par Fra Angelico; un Christ aux Oliviers de Carlo Dolci; une Suzanne du Guerchin; la Madone au long cou, du Parmigiano, si gracieuse, malgré ses fautes d'anatomie; la Madeleine et la magnifique Descente de Croix, du Pérugin; Charles Ier et Henriette de France, de Van-Dick; le célèbre ta-

bleau des Parques, de Michel-Ange ; les Suites de la
Guerre, de Rubens ; la charmante Vierge de Murillo,
assez belle pour ne pas trop souffrir du voisinage
des plus célèbres madones de Raphaël ; une Annonciation d'Andrea del Sarto.

Mais le roi de la galerie du palais Pitti, c'est Raphaël. Ce charmant portrait est celui de Madeleine
Doni, qui, dit-on, lui a servi de type pour ses Vierges ;
sa Vision d'Ezéchiel est une composition splendide,
d'un mouvement et d'une lumière extraordinaires ;
sa Madone au Baldaquin est admirable, et malgré sa
beauté, elle nous paraît encore inférieure à ses deux
autres Vierges si célèbres : la Vierge au Grand-Duc
et la Vierge à la Chaise.

La Vierge au Grand-Duc, ainsi nommée parce que
le grand-duc Ferdinand ne s'en séparait jamais et
l'emportait même dans tous ses voyages, est la plus
suave de toutes les créations de Raphaël. On comprend qu'un prince chrétien ait aimé à prier devant
cette image. Cette figure angélique est bien celle que
notre cœur attribue à Marie ; elle doit inspirer à
ceux qui prient devant elle l'espoir d'être exaucés.
Je préfère son expression à celle de la Vierge à la
Chaise, cependant plus belle et plus célèbre. Oui, la
Vierge à la Chaise est plus belle, mais elle est plus
terrestre. La Vierge au Grand-Duc est plus idéale et
plus chrétienne.

Pour moi, la Vierge au Grand-Duc, la Vierge au
Chardonneret et la Vierge à la Chaise, n'ont point
d'équivalent parmi toutes les magnifiques peintures
que j'ai vues en Italie : si je passais un mois à Florence, que de visites j'irais faire aux trois Vierges

de Raphaël! Ce sont de petits tableaux, qui ne parlent point aux sens; mais ces petits tableaux sont grandioses, ils élèvent l'âme vers le ciel. C'est plus que de la peinture, c'est de la haute théologie chrétienne.

Nul peintre n'est parvenu à représenter la Vierge Mère aussi bien que Raphaël. C'est que, pour peindre Marie, le pinceau manié par la main la plus habile ne saurait suffire; il faut peindre avec son âme : il ne suffit pas de représenter une femme plus ou moins belle, avec une expression plus ou moins inspirée; il faut être inspiré soi-même : il ne suffit pas d'être un grand peintre; il faut être en même temps un grand poète et un croyant : Raphaël a été tout cela; voilà pourquoi ses Madones sont supérieures aux Vierges de tous les peintres les plus illustres.

Florence est attrayante sous tous les rapports. La vie y est facile. Aussi est-elle le refuge d'une foule d'étrangers qui viennent s'y installer. C'est la ville élégante de l'Italie; c'est l' « *Arx Sacra* » du bon goût. Le luxe y est plus grand qu'à Rome, qu'à Milan et qu'à Venise, et il n'est pas, comme à Naples, tapageur et clinquant. Florence est un peu, sous ce rapport, le faubourg Saint-Germain de l'Italie; ce n'est pas, cependant, que comme dans toutes les villes où les Anglais ou les Américains viennent apporter leurs guinées et leurs dollars, on n'y puisse voir quelques excentricités. Je me souviens qu'un jour, dans une des rues étroites qui avoisinent San Lorenzo, nous avons rencontré un Anglais conduisant à grandes guides un break attelé de *vingt-quatre* chevaux. Cet original a un fils qui professe

le plus profond respect pour la folie paternelle, et
qui se contente d'atteler à *dix-huit*, comme pour
bien marquer sa déférence envers l'auteur de ses
jours. Ce respect filial est-il assez beau en ce siècle
où on ne respecte plus rien, et où le fils veut toujours primer le père? Je n'ai pas entendu dire que
ces gentlemen aient jamais écrasé personne.

Il y a un certain luxe d'équipages à Florence,
peut-être moins qu'à Milan, mais bien plus qu'à
Rome. C'est aux Cascines, beau parc qui s'étend le
long de l'Arno, qu'on peut voir le défilé des gens qui
font ce qu'on appelle chez nous « *le tour du lac.* »
Quoique les Cascines soient loin de valoir notre bois
de Boulogne et notre bois de Vincennes, c'est encore ce que j'ai vu de mieux, comme parc public,
dans toutes les villes d'Italie.

En somme, de toutes ces villes, Florence est peut-
être celle qui serait la plus agréable et la plus facile
à habiter. Elle n'a ni la poésie de Venise, ni la majesté de Rome; elle n'a pas, comme Naples, la mer
et le soleil; mais, plus que toutes ces capitales, elle
est en harmonie avec les habitudes modernes, et
avec les besoins qui nous ont été créés par ce qu'on
est convenu d'appeler la civilisation.

XV

SIENNE

Nous ne voulions pas quitter la Toscane, et passer si près de Sienne, sans visiter cette ville si curieuse. Nous allons y passer une journée. A Empoli, nous quittons la ligne de Pise pour prendre l'embranchement qui conduit à Sienne. Le pays que nous traversons est varié et pittoresque. Au milieu de riants paysages, nous apercevons le vieux château dont les tours en ruines dominent la petite ville de Poggiboni. Nous entrons dans la vallée de la Staggia, puis après avoir passé sous un long tunnel, nous arrivons à la gare de Sienne.

Comme Padoue, et peut-être encore plus qu'elle, Sienne est un de ces vieux bijoux si curieusement ciselés que nous a laissés le Moyen Age, et qu'on devrait mettre dans un écrin, pour ne les montrer qu'à ceux qui sont capables de les apprécier.

C'est une des curiosités de l'Italie, que cette vieille ville dont les rues grimpent par des pentes insensées le long des éperons des trois monticules

sur lesquels s'élèvent ses monuments gothiques et
ses vieilles églises, et qui est aujoud'hui ce qu'elle
était il y a quatre cents ans. Quand on est au milieu de Sienne, on se demande si on ne vient pas de
s'éveiller dans quelque château de la Belle au bois dormant. Tout est à l'avenant, même les hôtelleries : on
nous avait prévenu qu'à Sienne, elles étaient encore
de beaucoup plus primitives que la ville elle-même ;
on a beau être un enragé « *laudator temporis
acti,* » il est permis de préférer le confort des hôtels
modernes à la propreté hypothétique des tavernes
du bon vieux temps. J'adore le Moyen Age dans ses
monuments, dans ses meubles, dans ses légendes,
mais je le prise peu dans les lits et dans la cuisine
des hôtels ; et j'avoue humblement que je préfère
une simple côtelette « nature » aux festins décrits
par Rabelais, et un verre de bordeaux au plus délicieux hypocras. En conséquence, nous avions arrangé notre excursion de manière à ne pas être
obligés de coucher à Sienne.

A la gare, nous prenons un homme pour nous
guider dans la ville. Il nous conduit d'abord à la
Lizza, belle promenade plantée d'arbres qui domine
les anciens remparts, et d'où on a une vue étendue
sur la campagne. De là, nous allons à l'église de San
Domenico, célèbre par les miracles de sainte Catherine de Sienne. Nous entrons d'abord dans un
oratoire attenant à l'église : c'est là que la sainte
avait ses extases ; son portrait authentique est au-
dessus de l'autel. Dans l'intérieur de l'église, la
chapelle qui lui est dédiée, est décorée de belles
sculptures et de fresques admirables, représentant

les faits principaux de la vie de la sainte, par le Sodoma.

A gauche du chœur, dans une petite chapelle enfoncée, notre cicerone nous fait remarquer une des plus anciennes peintures connues : c'est une Madone de Guido de Sienne, qui porte la date de 1221. L'expression de la Vierge est très belle.

De la terrasse qui entoure San Domenico, au fond d'un ravin qui descend de la ville, on voit la maison qu'habitait sainte Catherine. Sienne, vue de cette terrasse, a un aspect très pittoresque. Nous descendons une rue très rapide ; nous en remontons une autre non moins escarpée, et nous arrivons à un cabaret où nous déjeunons tant bien que mal ; puis nous visitons Sienne.

Dans toutes les rues nous trouvons des maisons fort curieuses et des palais d'une architecture remarquable. Le casino dei Nobili, du treizième siècle, a une loggia dont les voûtes ogivales sont décorées de charmantes peintures bien conservées. Nous entrons sur la place Vittorio Emmanuele, autrefois place del Campo, une des plus curieuses de toute l'Italie. Cette place, semi-circulaire, est entourée d'une sorte de large trottoir très élevé. Le sol, revêtu d'un pavé en briques sur champ, est creusé comme une coquille dont toutes les nervures viennent aboutir devant la façade gothique du beau palais del Municipio, qui occupe le côté inférieur de la place. Ce palais, surmonté de la haute tour carrée della Mangia, ressemble beaucoup au Palazzo Vecchio de Florence. A l'angle droit du palais, est une charmante loggia servant de chapelle, entourée

d'une grille, et décorée de fresques malheureusement très abimées.

L'autre face du palais del Municipio donne sur le
Foro Boiario, ou champ de foire, qui se prolonge
dans les champs entre deux rangées de beaux arbres.

A côté du Municipio, s'élève le palais del Governo,
ancien palais Piccolomini, construit dans le style
sévère des vieux édifices de Florence, La partie de
ce palais qui borde le Foro Boiario sert de prison,
et son extérieur est bien approprié à sa destination.

Au fond de la place, vis-à-vis du Municipio, est
une belle fontaine publique, la Fonte Gaja, ornée de
sculptures par Jacopo della Quercia.

Nous nous dirigeons vers la place du Dôme : chemin faisant, nous admirons les façades de quelques
vieux palais : le palais Buonsignori, dont la cour intérieure est ornée de belles terres cuites; le palais
Saracini; et d'autres encore dont les noms m'é-
chappent. La plupart de ces palais sont encore ha-
bités par les descendants de ceux qui les ont construits. Le palais Petrucci, ou del Magnifico, porte
sur ses murailles de vieux ferrements curieusement
ouvragés, qui servaient autrefois à attacher des torches pour en éclairer les abords.

En beaucoup d'endroits on voit des colonnes, surmontées d'une louve de bronze. Ce sont les armes
de Sienne. Quelques-uns de ces emblèmes sont remarquablement sculptés.

Nous arrivons à la place du Dôme. La cathédrale
de Sienne est certainement une des plus belles
églises d'Italie. Comme celles de Pise et de Florence,
elle est en marbre de deux couleurs. La façade est

étonnante par la profusion de sculptures qui la couvrent; le ciseau des artistes n'en a pas laissé un
pouce à fouiller. On dirait un de ces bijoux d'ivoire
dont les Chinois ont la spécialité. Trois portes, dont
les colonnettes torses sont d'un fini remarquable,
donnent accès dans l'intérieur. Au-dessus de la
grande porte, nous remarquons un superbe vitrail
ancien représentant la Cène.

Le pavé est en marqueterie de marbre, dont les
dessins représentent des scènes de l'Histoire Sainte.
Ces « *Grafitti* », c'est ainsi qu'on nomme ces peintures de marbre, sont de véritables tableaux. Le
plus beau est le Sacrifice d'Abraham, exécuté par
Beccafumi. Ils sont couverts d'un faux plancher
qu'on enlève pour les faire admirer aux visiteurs.

Les belles vasques qui servent de bénitiers sont
supportées par des futs de candélabres antiques.
Des stalles en marqueterie, des bronzes finement
ciselés, offrent à la curiosité de quoi se satisfaire.
La corniche qui entoure la nef et le chœur est formée par les figures en majolique de tous les Papes :
c'est original; mais n'est-il pas permis de douter du
bon goût de l'architecte qui a eu cette singulière idée.

Vasari a laissé les traces de son passage dans la
cathédrale de Sienne. Il a séparé les chapelles latérales d'avec la nef, par des colonnes supportant des
frontons grecs qui masquent complétement les belles
fenêtres ogivales.

Beaucoup de belles peintures dans les chapelles et
dans l'église : des fresques de Beccafumi, de Duccic
di Buoninsegna, du Pinturicchio, le coryphée des
artistes Siennois.

La merveille de la cathédrale, c'est la chaire du
douzième siècle, de Nicolas de Pise : il est impossible de voir rien de plus parfaitement exécuté que
les charmautes sculptures dont elle est couverte.
Cette chaire, bien supérieure à celle du baptistère
de Pise, ne doit point avoir de rivale. Si la beauté de
la chaire a quelque influence sur l'éloquence du pré-
dicateur, les Siennois ont dû entendre de bien
beaux sermons.

Une porte magnifiquement sculptée nous introduit dans la « Libreria, » sorte de sacristie décorée
de fresques du Pinturicchio, d'après les ordres du
cardinal Piccolomini, qui devint pape sous le nom
de Pie III. La Libreria renferme une quantité de
vieux missels enluminés, ornés de miniatures
comme on n'en peut voir ailleurs. Quelques-unes de
ces délicieuses peintures sont dues aussi au Pinturicchio. Quel bon moment nous avons passé à feuil-
leter ces livres si curieux ! et comme on fait le péché
d'envie en regrettant de ne pouvoir en détacher une
page pour la cacher au fond de sa malle !

A droite du Dôme, sont des ruines gothiques
imposantes. C'est ce qui reste d'une nef, qu'au
Moyen Age on voulut ajouter à l'église. Dans ce
cas, la nef actuelle aurait servi de transept : il y a
tout lieu de croire que cette vaste construction fut
ruinée avant son achèvement.

De la place du Dôme, on descend par un escalier
rapide devant la façade du Baptistère, ou San Giovanni, placé sous le chevet de la cathédrale et en
sens opposé, de façon que le Dôme de Sienne a
pour ainsi dire une façade à chacune de ses extré-

mités. Par suite de la déclivité du terrain, la façade
du Baptistère se trouve en contre-bas de toute la
hauteur de ses voûtes, et le chevet de la cathédrale
la surmonte comme une tour. Cela fait un singulier
effet, et achève de donner au Dôme un aspect très
original.

Nous visitons encore l'église de San Agostino, mo-
dernisée au commencement du siècle dernier : nous
y trouvons d'excellentes peintures, entr'autres un
Christ du Pérugin ; une Adoration des Mages du Sodoma, et un tryptique de Lippo Memmi, un des plus
anciens peintres connus. — A côté de l'église, est le
collége Toloméi, dont l'architecture rappelle les
vieux palais de Florence. On a une très belle vue de
la terrasse élevée qui entoure San Agostino.

Les rues de Sienne sont fort curieuses : partout
des constructions gothiques, des maisons surmontées de hautes tourelles rondes ou carrées, auxquelles leurs fenêtres à meneaux, leurs portes ogivales richement sculptées, leurs ferrements ouvragés,
donnent un étrange cachet d'antiquité. Quel pays
pour un flâneur ! d'autant plus qu'à chaque coin de
rue, on se heurte à l'étalage de quelque marchand
de bric-à-brac, où on trouve les choses les plus curieuses. Un amateur intelligent qui passerait quelques jours à Sienne, pourrait, sans commettre de
folies, se faire une jolie collection. Nous étions fortement tentés par des objets qu'on nous laissait à
bas prix, mais il aurait fallu emporter nos acquisi-
tions, et nous ne devions rejoindre nos bagages qu'à
Gênes. J'avoue que je ne me sentis pas le courage
qu'eut un de mes amis en pareille circonstance, de

porter à ma main un vieux pot pendant quarante-huit heures.

Nous visitons l'Institut des Beaux-Arts : ce musée, comme l'Académie des Beaux-Arts de Florence, est éminemment curieux au point de vue de l'histoire de la peinture. Sienne a eu son école, dont le plus célèbre représentant est le Pinturicchio, que nous avons déjà admiré à Florence. De l'école de Sienne est née l'école d'Ombrie, qui a donné à l'art le Pérugin et Raphaël.

L'Institut des Beaux-Arts possède des ouvrages des plus anciens peintres connus. Nous trouvons là les noms d'artistes dont nous n'avions encore rien vu ailleurs : Guido de Sienne, Margaritone d'Arezzo, Duccio, Simone et Lippo Memmi. Deux œuvres magistrales, le Christ à la Colonne et la Descente de Croix, achèvent de nous faire connaître le Sodoma; la Nativité et la Sainte Famille du Pinturicchio terminent brillamment le catalogue des œuvres des artistes Siennois. Ce musée possède encore quelques tableaux de peintres étrangers à Sienne, tels que le Titien, Annibal Carrache, le Caravage, mais en très petit nombre.

Comme nous ne pouvions partir que le soir, il nous restait encore un certain temps à consacrer à la flânerie : nous allons voir les boutiques où on vend à si bon marché ces grands chapeaux de paille finement tressés, qui deviennent si chers à Paris, quand nos marchandes de modes leur ont donné ce qu'elles ont l'audace d'appeler une forme. Nous visitons des ateliers de sculpture sur bois, spécialité dont les Siennois ont hérité de leurs ancêtres.

Mais la flânerie a beau être charmante; le pavé a beau être fait de dalles de marbre; quand on le foule depuis plusieurs heures, il arrive un moment où on éprouve le désir féroce d'un fauteuil, ou même d'un simple tabouret. Ce que nous avions aperçu des hôtels ne nous engageait pas à nous y installer pour une heure; nous n'imaginons rien de mieux que d'entrer chez un fabricant de meubles et de marchander des ameublements. Tout en nous faisant montrer de charmantes imitations du mobilier du treizième siècle, nous nous étions installés sur de confortables fauteuils. Le signor Barbetti fut on ne peut plus aimable, nous montra les choses les plus tentantes, nous laissa reposer à notre aise sur ses magnifiques siéges sculptés; il poussa même la courtoisie jusqu'à faire hommage à ma fille des photographies de ses plus beaux meubles, et nous eûmes l'ingratitude de le quitter sans reconnaître son hospitalité, et sans lui acheter même un coffret.

L'heure du départ approchait; nous nous mettons en route pour regagner la gare : mais la configuration bizarre de Sienne, qui a la forme d'une étoile à trois pointes, fit que, prenant une des pointes pour l'autre, nous allons sortir de la ville à deux kilomètres de la gare, vers laquelle nous croyons nous diriger. Cela nous procura le plaisir de connaître la Porta Romana, beau monument de l'architecture militaire du Moyen Age, orné d'une fresque représentant le Couronnement de la Vierge, mais en même temps, nous mit prodigieusement en retard. Nous n'avions plus que quelques minutes : La pensée d'être obligés de coucher à Sienne nous causait un frayeur horrible, frayeur bien motivée par les nombreux insectes avec lesquels nous avions déjà fait connaissance. Nous marchons, nous courons; enfin nous voici à la gare. Il était temps; car à peine avions-nous eu le temps de nous précipiter dans un wagon, que le train s'ébranlait, et nous emportait tout essoufflés vers Pise, où nous allions passer la nuit pour reprendre le lendemain le cours de notre voyage.

XVI

En quittant Pise, le chemin de fer traverse d'abord une plaine marécageuse assez monotone. Au bout de quelques instants on aperçoit la mer, dont nous allons côtoyer le rivage jusqu'à Gênes. Les contre-forts de l'Apennin se rapprochent; le paysage devient plus pittoresque. Nous laissons derrière nous Viareggio, ville de bains de mer. A partir de Pietra Santa, les montagnes s'avancent jusqu'à la voie ferrée. Nous voici à Massa : la gare est encombrée de blocs de marbre qui nous annoncent l'approche des célèbres carrières ; voici Avenza, embranchement pour Carrare, que nous apercevons perchée sur une haute colline, et dominée par un vieux château fort. La vue sur l'Apennin est superbe. De profondes coupures, dont la couleur grise ou blanche tranche sur le fond sombre de la montagne, nous montrent les endroits où on extrait le marbre.

Comme à Massa, la gare est encombrée de blocs

énormes. Il y a là de quoi peupler de statues les églises, les palais, les places publiques du monde entier. Que deviendront un jour ces beaux morceaux de marbre? en sortira-t-il une madone, ou bien le buste de la hideuse Marianne? « Seront-ils Dieu, table, ou cuvette? » — « Chi lo sa? »

La fertile et riante petite plaine où se trouve Sarzana est bientôt traversée; nous passons la Magra. Nous côtoyons la mer : les terrasses plantées d'oliviers qui s'étagent sur les pentes de la montagne ressemblent aux marches d'un escalier placé par des géants pour escalader l'Apennin.

Nous voici à la Spezzia : le golfe est magnifique; la Méditerranée est là avec tout son charme, mais tout cela ne vaut pas Castellamare! Le port est plein de navires, c'est le Toulon de l'Italie. Ce qu'on voit de la ville est d'un moderne désespérant; des maisons bleues, jaunes, rouges; des volets chocolat ou verts. Heureusement que la beauté du site nous empêche de faire attention à tout ce bariolage, qui me ferait hurler si je le voyais ailleurs. Le train repart; les paysages se succèdent, tous variés, tous charmants, tous éclairés par le même beau soleil.

Quand vous écoutez un beau discours comme ceux du comte Albert de Mun, ou bien un sermon du P. Monsabré, connaissez-vous rien d'aussi agaçant qu'un enrhumé qui se mouche longuement et bruyamment, et vous fait perdre le fil du discours au milieu de la plus belle période? Quand vous dévorez avidement un livre bien intéressant, trouvez-vous rien de plus insupportable qu'un enfant turbulent qui vous masque la lumière et fait à chaque instant passer des ombres chinoises sur la page commencée? Cette impression est un peu celle qu'on éprouve sur le chemin de fer de la Spezzia à Gênes : Vous regardez de tous vos yeux la mer qui étincelle au pied d'un cap couvert de rochers, entre lesquels verdoie cette belle végétation méditerranéenne..... Crac : vous voilà sous un tunnel. — A peine sorti de celui-là, vous entrez sous un autre, et tout le long du chemin c'est toujours la même chose. Qu'on me rende les vieilles chaises de poste! qu'on me laisse descendre pour monter sur ce petit bateau, dont j'aperçois là-bas la voile rouge! Passe pour un tunnel, mais il y en a au moins vingt-cinq entre la Spezzia et Gênes!

A la station de Sestri Levante, nous voyons le beau golfe de Rapallo, où on pêche le corail. Nous passons devant la jolie petite ville de Chiavari; puis, nous arrivons à Nervi, charmante bourgade au milieu d'une véritable forêt de citronniers. Un long viaduc passe à une grande hauteur au-dessus d'élégantes villas entourées de jardins; les habitations se multiplient; on sent qu'on approche d'une grande ville. Enfin, nous sortons d'un dernier tunnel, et nous sommes dans la gare de Gênes.

Nous nous hâtons d'aller prendre gîte à une pension anglaise tout près de la gare, et nous commençons de suite à explorer la ville.

C'est une très belle ville que Gênes! elle doit plaire aux jeunes, à ceux qui aiment le bruit et le mouvement. Quant à moi, je la trouve trop tapageuse.

Comme Naples, elle est bâtie en amphithéâtre sur les collines qui entourent la baie; mais elle n'a pas la Chiaja! On dit que Gênes et Naples se ressemblent. Peut-être!... autant que pourraient se ressembler deux belles femmes prises dans des mondes différents. Naples est une grande dame, et Gênes se rapproche un peu trop du type des dames du demi-monde, et des allures des dames de la halle.

Les maisons qui donnent sur le port sont masquées par un portique élevé, sur lequel il faut grimper pour jouir de la vue de la mer : pour être tout en marbre, ce portique n'en est pas moins disgracieux. Un chemin de fer construit pour le service du port passe encore entre ce portique et les maisons, auxquelles il achève d'enlever tout espèce de charme. J'aime mieux le port nouveau, avec son beau quai qui s'étend le long du chemin de fer de Nice. C'est là qu'est le palais d'André Doria, sur la façade duquel une inscription latine énumère les titres du célèbre marin, « *amiral des galères de François Ier, le Roi très chrétien.* » Aujourd'hui nous n'avons plus de roi très chrétien, et Gênes ne nous donne plus d'amiraux, mais elle nous gratifie de la famille Gambetta! c'est logique. O siècle de progrès!

Le port est rempli de navires; il est vraiment superbe.

Nous logeons sur la place de l'Acqua Verde, au fond de laquelle se trouve la gare. Cette belle place est entourée d'un portique, et ornée d'un square au milieu duquel s'élève la statue de Christophe Colomb, le plus illustre des enfants de Gênes. La rue Balbi, la rue Nuova, la rue Nuovissima, qui se font suite, sont bordées de palais magnifiques. Le palais Balbi, le palais Royal ou Durazzo, le palais del Municipio, le palais Rosso ou de Brignole Sale avec sa façade d'un rouge de sang, le palais Cattaldi, sont tous fort remarquables. Nous arrivons à la place Nuova, où s'élève l'ancien palais des Doges, aujourd'hui préfecture; puis à la place Carlo Felice, où est situé le théâtre de ce nom. De la place Carlo Felice, une voie nouvelle, la rue Roma, s'élève à perte de vue jusqu'au sommet des collines qui dominent la ville. Cette rue traverse la belle promenade de l'Acqua Sola, d'où on a une vue splendide.

Nous prenons une voiture : nous traversons le Molo Vecchio et le quartier des marins de l'autre côté duquel nous allons rejoindre le bord de la mer. La route en corniche s'élève petit à petit au-dessus du rivage dont elle suit toutes les anfractuosités; à chaque tournant nous avons un point de vue nouveau. Nous arrivons au sommet du promontoire qui enferme Gênes au sud-est; le chemin s'infléchit brusquement à gauche; nous découvrons toute la rivière du levant jusqu'à Livourne qu'on devine à travers la brume.

Nous tournons le dos à la mer, et nous revenons par Santa Maria di Carignano. Au-dessus de nous, à gauche, nous voyons la vieille ville toute entière; à droite, des jardins et des villas; devant nous, l'Acqua Sola dominée par la haute colline que nous allons gravir tout à l'heure. Nous traversons le haut de la grande rue de Rome; à mesure qu'on monte, les maisons sont plus élevées, et au sommet extrême des collines, j'en ai remarqué qui avaient sept étages.

Notre automédon nous conduit sur une esplanade où s'élevait, nous dit-il, un château-fort détruit par le peuple lors de la dernière révolution. Je lui demande si on a fait de cet anniversaire une fête nationale : il ne peut me répondre. De là le regard embrasse la ville, le port, et les côtes jusqu'à une grande distance. Nous redescendons par l'Albergo dei Poveri, immense hôpital dans une belle position : le boulevard que nous suivons est bordé de jolis squares. Nous rentrons en ville, et nous visitons quelques églises.

Sauf la cathédrale, les églises de Gênes ne sont pas belles, ou plutôt, elles le sont trop. Elles me font l'effet de ces femmes qui, à force de se farder et de se couvrir de bijoux et de parures, viennent à bout de s'enlaidir. Elles sont trop peintes et trop dorées. L'Annunziata ressemble plus à une salle de spectacle qu'à une église. J'en dirai autant de San Ambrogio, ou le Gesu. Je préfère la cathédrale dont le beau portail est orné de lions couchés qui me rappellent les lions de Saint-Marc, et que ses assises noires et blanches font ressembler aux églises de Pise et de Florence. J'y remarque de belles peintures; une chapelle curieusement sculptée dédiée à saint Jean-Baptiste, renferme dans une châsse du douzième siècle, la tête du saint précurseur. Les femmes ne doivent pas entrer dans cette chapelle. Le sacristain a soin de nous faire remarquer que cette interdiction est motivée sur ce que Hérode fit décapiter saint Jean à l'instigation d'une femme. Il ajoute qu'un jour, une Anglaise, à laquelle il donnait cette raison, lui répondit que les hommes entraient bien dans les églises, et que pourtant, c'était eux qui avaient crucifié Jésus. Cette Anglaise ne manquait pas d'à-propos, mais n'aurait-on pu lui objecter, que si le Christ avait souffert par les mains du sexe fort, la cause en était dans le péché de la mère Ève, qui fut l'origine de tous les autres. Le « *Cherhez la femme* » est aussi vieux que le monde !

Après dîner nous allons faire un tour dans les rues. A l'encontre de ce qui se passe dans la plupart des villes d'Italie, où tout est fermé à huit heures, on sort le soir à Gênes. Le luxe de becs de gaz, le mouvement de la foule, rappellent un peu l'animation des boulevards de Paris. Nous flânons un moment dans le passage Mazzini, belle galerie vitrée à l'angle de la rue Roma et de la place Carlo Felice. Parmi de nombreux étalages splendidement éclairés, nous remarquons les magasins d'objets en filigrane, spécialité de Gênes, où, à travers des colifichets d'un mauvais goût insensé, se trouvent de délicieux bijoux.

La foule nous entraîne vers un de ces magasins vides, qui, en France, sont souvent occupés par des déballages de chaussures ou d'articles de Paris. On y débitait gratis une marchandise nouvelle. L'apôtre d'une secte protestante fraîchement éclose faisait un boniment, avec cet air cafard et béat qui n'appartient qu'aux dévots des religions en dehors de l'Église. On entrait, on sortait, on fumait : en somme, je crois que le pauvre homme prêchait un peu dans le désert.

Gênes possède un musée et des galeries particulières, où il y a, dit-on, d'excellents tableaux, surtout des Van-Dick. Mais après les Uffizi et le palais Pitti, nous ne voulions plus voir de peintures. Nous avions fait exception pour les Belli Arte de Sienne, parce que Sienne avait été le berceau d'une école, et que ce musée ne contenait que d'anciens tableaux.

En vingt-quatre heures, nous avions vu Gênes la Superbe, ses ports et ses palais. Le lendemain, à l'aube, nous nous mettions en route pour Turin, non sans passer, toutefois, par le fameux quart d'heure de Rabelais. Juste au moment du départ, on nous apporte la note, que je réclamais vainement depuis une demi-heure : les prix étaient d'un tiers plus élevés que ceux qu'on nous avait faits la veille; la maîtresse du logis n'avait pas encore paru; il fallait attendre son arrivée, et par conséquent manquer le train, ou bien payer. C'est à ce dernier parti que je me résignai, ne pouvant pas rester plus longtemps à Gênes. C'est donc avec une certaine mauvaise humeur, qu'à sept heures du matin, nous prenions nos places pour Turin.

XVII

TURIN

Encore des tunnels en sortant de Gènes! Nous traversons un rameau de l'Apennin, puis nous débouchons dans une plaine immense, coupée de canaux, et couverte de prairies verdoyantes arrosées par la Bormida. C'est la plaine de Novi et d'Alexandrie; c'est la plaine de Marengo! Que de sang français sous cette herbe verte!

Quelles belles morts que celles de Joubert à Novi, de Desaix à Marengo! Tombés tous les deux en chargeant l'ennemi, pleins de jeunesse, pleins d'avenir, pleins d'espérance, ils étaient restés purs au milieu des orgies révolutionnaires qui souillaient notre malheureuse patrie. Ils sont restés soldats et n'ont pas voulu être des généraux politiques. Dieu, qui ne choisit pas sans raison les victimes les plus pures, leur aura tenu compte de leur sang généreusement versé comme pour laver les crimes de la France. Saluons en passant ces nobles et glorieuses figures.

Nous passons le Tanaro, nous suivons sa vallée jusqu'à Asti, et à neuf heures du matin nous arrivons à Turin.

Ce qu'il y a de plus beau à Turin, c'est la gare. Comme nous voulions repartir le soir même, et que nous avions été si bien étrillés à l'hôtel lors de notre premier passage, nous nous décidons à descendre au buffet, pensant que tout devait être à l'avenant dans cette gare monumentale. Nos prévisions se trouvèrent justifiées.—Bon accueil, bonne cuisine, et prix modérés; de plus, une complaisance excessive.

Après avoir déjeuné, nous nous mettons en route pour visiter la ville. Les places sont rectangulaires, les grandes rues droites s'entrecoupent à angle droit, le sol est parfaitement plan : cette ville a dû être construite par un géomètre.

Rien d'antique : les rares édifices de Turin datent de l'époque de la décadence, et cependant ils ont assez grand air avec leurs façades de briques. Le château Madame, au milieu de la place del Castello, a un caractère plus ancien : il doit remonter à la fin du quatorzième siècle. Ses deux tours à machicoulis sont fort belles. Mais pourquoi a-t-on été plaquer sur un de ses côtés une façade Louis XVI?... Encore un monument victime des fantaisies de quelque architecte! Le palais du Roi, au fond de la même place, n'a rien de remarquable extérieurement. Le palais Carignan, construit en briques, est assez original. Vis-à-vis du palais Carignan, se trouve le palais de l'Académie des Sciences, occupé par des collections et par une galerie de tableaux dont je parlerai tout à l'heure.

Les églises sont peu remarquables : cependant la cathédrale, du seizième siècle, offre un certain intérêt. Derrière le maître-hôtel, un escalier conduit à la chapelle du Saint-Suaire, où on conserve le linceul dans lequel Notre-Seigneur fut mis au tombeau. La construction de cette chapelle est des plus curieuses. C'est bien un type de chapelle funéraire, avec ses autels et ses colonnes de marbre noir, sur lesquels tranche violemment la blancheur des statues qui ornent les tombeaux de plusieurs princes de la maison de Savoie. La voûte de la coupole est construite d'une façon si bizarre que je renonce à la décrire; mes connaissances architecturales sont trop bornées pour que je puisse en parler de manière à me faire comprendre.

Nous visitons ensuite l'église de la Consolata; ce jour-là, la solennité de l'Adoration perpétuelle y avait attiré une foule énorme. J'ai été touché de la piété recueillie de l'assistance, dans cette ville d'où est parti le mouvement révolutionnaire et anti-chrétien qui a envahi l'Italie. Une image miraculeuse de la Vierge est exposée dans cette église beaucoup trop dorée à mon avis. Dans une chapelle, à gauche, les reines Marie-Thérèse et Marie-Adélaïde, mère et femme du roi Victor-Emmanuel, sont représentées à genoux sur des prie-Dieu. Ces statues sont d'une exécution parfaite, quoique d'un sentiment trop réaliste.

Nous prenons une voiture qui nous mène un peu partout. Nous remarquons la synagogue, vaste édifice d'un style bizarre, encore inachevé. Le temple Vaudois, aussi bizarre que la synagogue, a des pré-

27

tentions gothiques qui le font ressembler à ces constructions dont les Anglais ont parsemé les côtes de la Méditerranée. Nous gagnons les bords du Pô. Les riantes collines de la rive droite, reliées à la ville par de beaux ponts, sont couvertes de villas. La belle coupole de l'église des Capucins domine tout cet ensemble. Au loin, nous voyons le Dôme de la Superga, et nous regrettons vivement que le temps incertain et le peu d'heures dont nous pouvons disposer, ne nous permettent pas de visiter cette nécropole de la maison de Savoie. Nous remontons le Pô, nous traversons les beaux jardins qui entourent le palais du Valentino, élégante demeure bâtie par Christine de France, fille de Henri IV et femme de Victor-Amédée. C'est le joli côté de Turin, les rives du Pô sont charmantes : nous voyons en passant les travaux qu'on exécute pour une future exposition universelle.

Il pleuvait, et nous avions bien encore deux grandes heures avant d'aller dîner et nous inquiéter de notre départ : il fallait employer ce temps. Malgré nos résolutions, nous nous décidons à aller au musée. Les grands maîtres y sont à peu près tous représentés. Raphaël lui-même y a une Vierge au Rideau, que je trouve inférieure à ses tableaux de Rome et de Florence. Ce que je préfère dans cette galerie, ce sont les portraits des enfants du malheureux Charles Ier d'Angleterre par Van-Dick, et une Descente de Croix de Gaudenzio Ferrari. Il y a certainement de bons tableaux à l'académie de Turin : J'en avais entendu conter des merveilles; mais je n'en ai pas été frappé. Il faudrait voir ce musée en entrant en Italie, et non pas quand on revient de visiter Venise, Rome et Florence.

Une chose m'a frappé à Turin : ce sont les statues des rois soldats de la maison de Savoie et des hommes de guerre de tout rang qui ont illustré les armées piémontaises. Depuis le prince jusqu'au simple soldat, toutes les gloires militaires nationales y sont honorées. Un peuple aussi chauvin, aussi attaché à ses rois, aussi fier de leur gloire, doit valoir encore quelque chose. En regardant ces statues, en voyant les rues mornes et désertes de cette ville, qui naguère était encore la capitale animée d'un royaume, je pensais aux destinées de cette antique maison royale de Savoie, si souvent aliée à notre maison de France, et chez laquelle les vertus des femmes surpassaient encore la bravoure légendaire des hommes. Je me demandais pourquoi les derniers descendants de cette race de chevaliers avaient abandonné leur capitale pour « *tourner vers Rome la tête de leur cheval de guerre* (1); » comment ils avaient renié les croyances de leurs ancêtres, comment « *en un plomp vil l'or pur s'était changé?...* » Fatal esprit révolutionnaire! comme les Harpies, il faut donc que tu souilles tout ce que tu touches!

Les saintes reines, dont nous regardions tout à l'heure à la Consolata les statues agenouillées, obtiendront-elles jamais que Dieu touche les cœurs de leurs descendants? Les fils de Savoie trouveront-ils un jour leur chemin de Damas? La plus ancienne maison souveraine de l'Europe serait-elle donc destinée à finir esclave de la Révolution?

(1) *Un Homme d'autrefois.*

. . . .

Nous en avions fini avec Turin et aussi avec l'Italie : nous allions quitter cette terre classique où sont nés tous les arts, et qui est en même temps le pays de toutes les contradictions. Nulle autre nation ne nous en montre autant, et sous autant de formes.

Nulle part ailleurs on ne trouve un pareil mélange de bien de mal, de beau et d'ignoble, de grandeur et de platitude.

Dans le même monument, à côté de beautés sublimes, on voit de véritables enfantillages : à travers une ornementation d'une magnificence incontestable, on est choqué par de vrais oripeaux. Partout, les petitesses du présent jurent avec les restes d'un passé grandiose.

Catholique, et en même temps révolutionnaire, l'Italie mêle les doctrines de Mazzini avec les pratiques de la religion du Christ. Composée des éléments les plus hétérogènes, elle a voulu faire ce qu'elle appelle son unité! et quelle unité! Il y a bien plus de différence entre un Vénitien, un Romain, et un Napolitain, qu'entre un Suédois, un Suisse et un Espagnol. Tous ces peuples soi-disant frères se détestent, et leurs intérêts sont absolument contraires.

Perpétuellement agités, habitués depuis le Moyen Age à conspirer sans cesse, à passer brusquement d'une licence complète à la dictature du premier aventurier poussé par une révolution, ou du premier prince amené par une armée étrangère, les peuples de tous ces petits États aujourd'hui réunis n'ont jamais pu supporter le calme d'un gouvernement régulier. Seront-ils maintenant plus sages? Leur passé permet de douter de l'avenir. En outre, l'unité de l'Italie s'est fondée sur la Révolution. Est-ce donc là une base bien solide, et n'est-il pas permis de croire que ce colosse aux pieds d'argile périra par les fondements sur lesquels il est édifié?

Sauf les Vénitiens, qui sont Grecs, et les Napolitains, singulier amalgame de Normand, de Grec et d'Espagnol, le reste des Italiens ne m'est guère sympathique. Le fond de leur caractère est un mélange de duplicité, de souplesse, d'orgueil et de bassesse, de platitude et de vanité. Un Italien ne vous dira jamais rien franchement et sans périphrase. Il faut que dans tout ils apportent de la finesse et de la diplomatie.— « *Combinare qualche cosa con qualq'uno;* » c'est bien là la devise des compatriotes de Machiavel.

L'Italien n'est pas seulement né diplomate : il est aussi né valet, mendiant et comédien. Il est toujours en scène. Le bellâtre qui fait la roue comme un paon dans les allées du Pincio, pose pour la galerie, ni plus ni moins que le lazzarone en guenilles que vous heurtez du pied sur le trottoir de la Chiaja, ou que l'homme à manteau doublé de vert qui se donne des airs de matamore sous les arcades des rues de Bologne. Il ne vous demandera pas l'aumône, mais, à l'occasion, il accepterait peut-être quelques louis. En attendant, les uns et les autres vous donneront de l' « *Excellence* » et vous feront des courbettes si cela peut leur être utile, quitte à être insolents dans le cas contraire.

Si l'Italie est la patrie de bien des hommes célèbres, il ne faut pas oublier que c'est elle aussi qui a produit les Arlecchino, les Pulcinella, les Scaramuccia, les Pasquino, et les...... Marforio...

. . . .

. . . .

Que pourrais-je vous dire de plus maintenant, mon vieil ami? Vous avez voulu que je vous retrace les impressions de mon voyage en Italie; les voilà, telles que je les ai ressenties. Je vous livre sans détour mes opinions et mes sentiments sur tout ce que j'ai vu; mais je ne prétends pas les ériger en dogme : « *Errare humanum est.* » En me donnant sa bénédiction, le Saint-Père ne m'a pas attribué la moindre parcelle de son infaillibilité.

A huit heures du soir, nous montions dans le wagon qui allait nous ramener en France : le jour naissant nous trouvait dans les montagnes encore neigeuses de cette brave et vaillante Savoie, et nous envoyons un souvenir aux excellents amis que nous y avons, et aussi, hélas! à ceux que nous n'y avons plus!

Nous voici maintenant rentrés au logis, remerciant Dieu d'avoir protégé notre voyage, et heureux de revoir les êtres aimés que nous avions laissés.

FIN

TABLE

—

FIN DE LA TABLE

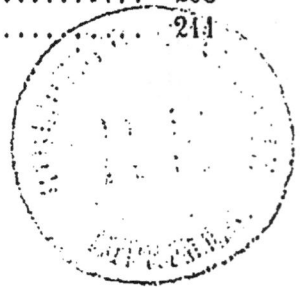

Nevers. — Imprimerie de A. GAUFROIT.

www.ingramcontent.com/pod-product-compliance
Lightning Source LLC
Chambersburg PA
CBHW060030100426
42740CB00010B/1678